佛典密意系列

《如来藏经》密意

谈锡永 ◎ 著

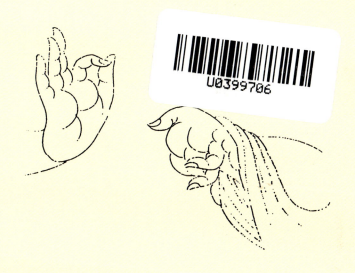

復旦大學出版社

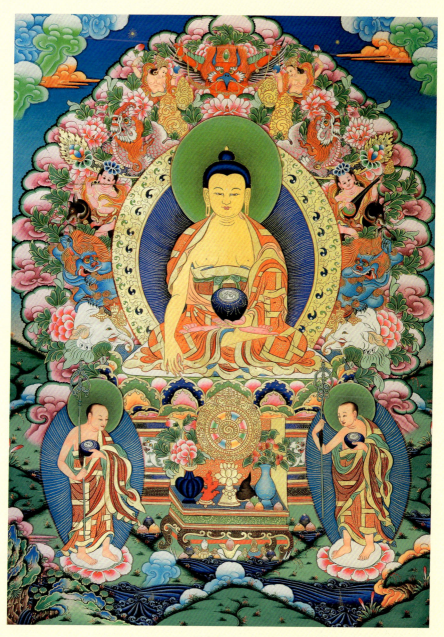

释迦牟尼

目录

总序	001
引言	001
上篇 《如来藏经》晋译及唐译	009
下篇 《如来藏经》新译	063
附录	153
《宝性论》的如来藏九喻	155
诸经如来藏喻	169
甲、《法华经·五百弟子受记品》	169
乙、《大般涅槃经·如来性品》	170
一、贫女藏金喻	170
二、额珠喻	170
丙、《入楞伽经·集三万六千一切法品》	171
略说"转依"二义	173

总　序

一、说　密　意

"佛典密意"系列丛书的目的在于表达一些佛家经论的密意。什么是密意？即是"意在言外"之意。一切经论都要用言说和文字来表达，这些言说和文字只是表达的工具，并不能如实表出佛陀说经、菩萨造论的真实意，读者若仅依言说和文字来理解经论，所得的便只是一己的理解，必须在言说与文字之外，知其真实，才能通达经论。

《入楞伽经》有偈颂言：

> 由于其中有分别　名身句身与文身
> 凡愚于此成计著　犹如大象溺深泥①

这即是说，若依名身、句身、文身来理解经论，便落于虚妄分别，由是失去经论的密意，失去佛与菩萨的真实说。所以在《大涅槃经》中，佛说"四依"（依法不依人、依义不依语、依智不依识、依了义不依不了义），都是依真实而不依虚妄分别，其中的"依义不依语"，正说明读经论须依密意而非依言说文字作理解。佛将这一点看得很严重，在经中更有颂言：

---

① 依谈锡永译：《入楞伽经梵本新译》，第二品，颂172，台北：全佛文化，2005年。

> 彼随语言作分别　　即于法性作增益
> 以其有所增益故　　其人当堕入地狱[①]

这个颂便是告诫学佛的人不应依言说而诽谤密意,所以在经中便有如下一段经文:

> 世尊告言:大慧,三世如来应正等觉有两种教法义(dharma-naya),是为言说教法(deśanā-naya)、自证建立教法(siddhānta-pratyavasthāna-naya)。
>
> 云何为言说教法之方便?大慧,随顺有情心及信解,为积集种种资粮而教导经典。云何为观修者离心所见分别之自证教法?此为自证殊胜趣境,不堕一异、俱有、俱非;离心意意识;不落理量、不落言诠;此非堕入有无二边之外道二乘由识观可得尝其法味。如是我说为自证。[②]

由此可知佛的密意,即是由佛内自证所建立的教法,只不过用言说来表达而已。如来藏即是同样的建立,如来法身不可思议、不可见闻,由是用分别心所能认知的,便只是如来法身上随缘自显现的识境。所以,如来法身等同自证建立教法,显现出来的识境等同言说教法,能认知经论的密意,即如认知如来法身,若唯落于言说,那便是用"识观"来作分别,那便是对法性作增益,增益一些识境的名言句义于法性上,那便是对佛密意的诽谤、对法性的损害。

这样,我们便知道理解佛家经论密意的重要,若依文解字,便是将识境的虚妄分别,加于无分别的佛内自证智境上,将智境增益名言句义而成分别,所以佛才会将依言说作分别看得这么严重。

---

① 依谈锡永译:《入楞伽经梵本新译》,第三品,颂34。
② 同上书,第三品,第151页。

二、智识双运

由上所说,我们读经论的态度便是不落名言而知其密意,在这里强调的是不落名言,而不是摒除名言,因为若将所有名言都去除,那便等于不读经论。根据言说而不落言说,由是悟入经论的密意,那便是如来藏的智识双运,亦即是文殊师利菩萨所传的不二法门。

我们简单一点来说智识双运。

佛内自证智境界,名为如来法身。这里虽说为"身",其实只是一个境界,并非有如识境将身看成是个体。这个境界,是佛内自证的智境,所以用识境的概念根本无法认知,因此才不可见、不可闻,在《金刚经》中有偈颂说:

> 若以色见我　以音声求我
> 是人行邪道　不能见如来

色与音声都是识境中的显现,若以此求见如来的法身、求见如来的佛内智境,那便是将如来的智境增益名言,是故称为邪道。

如来法身不可见,因为遍离识境。所以说如来法身唯藉依于法身的识境而成显现,这即是依于智识双运而成显现。经论的密意有如如来法身,不成显现,唯藉依于密意的言说而成显现,这亦是依于智识双运而成显现。如果唯落于言说,那便有如"以色见我,以音声求我"。当然不能见到智境、不能见到经论的密意。不遣除言说而见密意,那便是由智识双运而见,这在《金刚经》中亦有一颂言(义净译):

> 应观佛法性　即导师法身
> 法性非所识　故彼不能了

是即不离法性以见如来法身(导师法身),若唯落识境(言说),便不能了知法性,所谓不离法性而见,即是由智识双运的境界而见,这亦是不二法门的密意,杂染的法与清净的法性不二,即是于智识双运的境界中法与法性不二。

然而,智识双运的境界,亦是如来藏的境界,我常将此境界比喻为荧光屏及屏上的影像:荧光屏比喻为如来法身,即是智境;法身上有识境随缘自显现,可比喻为荧光屏上的影像,即是识境。我们看荧光屏上的影像时,若知有荧光屏的存在,那便知道识境不离智境而成显现(影像不离荧光屏而成显现),因此无须离开影像来见荧光屏(无须离开言说来见密意),只需知道荧光屏唯藉影像而成显现(密意唯藉言说而成显现),那便可以认识荧光屏(认识经论的密意)。这便即是"应观佛法性,即导师法身",也即是"四依"中的"依义不依语"、"依智不依识"、"依了义不依不了义"。

简单一点来说,这便即是"言说与密意双运",因此若不识如来藏,不知智识双运,那便不知经论的密意。

三、略说如来藏

欲知佛的密意须识如来藏,佛的密意其实亦说为如来藏。支那内学院的学者吕澂先生,在《入楞伽经讲记》中说:

> 此经待问而说,开演自证心地法门,即就众生与佛共同心地为言也。
>
> 自证者,谓此心地乃佛亲切契合而后说,非臆测推想之言。所以说此法门者,乃佛立教之本源,众生入道之依处。[1]

由此可见他实知《入楞伽经》的密意。其后更说:

> 四门所入,归于一趣,即如来藏。佛学而与佛无关,何贵此学,

---

[1] 《吕澂佛学论著选集》卷二,齐鲁书社,1991年,第1217页。

故四门所趣必至于如来藏,此义极为重要。①

所谓"四门",即《入楞伽经》所说的"八识"、"五法"、"三自性"及"二无我",吕澂认为这四门必须归趣入如来藏,否则即非佛学,因此他说:

> 如来藏义,非楞伽独倡,自佛说法以来,无处不说,无经不载,但以异门立说,所谓空、无生、无二,以及无自性相,如是等名,与如来藏义原无差别。②

佛说法无处不说如来藏、无经不载如来藏,那便是一切经的密意、依内自证智而说的密意;由种种法异门来说,如说空、无生等,那便是言说教法,由是所说四门实以如来藏为密意,四门只是言说。

吕澂如是说四门:

> 前之四法门亦皆说如来藏,何以言之?八识归于无生,五法极至无二,三性归于无性,二空归于空性,是皆以异门说如来藏也。

这样,四门实在已经包括一切经论,由是可知无论经论由哪一门来立说,都不脱离如来藏的范限。现在且一说如来藏的大意。

认识如来藏,可以分成次第:

一、将阿赖耶识定义为杂染的心性,将如来藏定义为清净的心性,这样来理解便十分简单,可以说心受杂染即成阿赖耶识,心识清净即成如来藏心。

二、深一层次来认识,便可以说心性本来光明清净,由于受客尘所染,由是成为虚妄分别心,这本净而受染的心性,便即是如来藏藏识。本来清净光明的心性,可以称为如来藏智境,亦可以称为佛性。

三、如来藏智境实在是一切诸佛内自证智境界,施设名言为如来法身。如来法身不可见,唯藉识境而成显现。这样,藉识境而成显现的

---

① 《吕澂佛学论著选集》卷二,齐鲁书社,1991年,第1261页。
② 同上。

佛内自证智境便名为如来藏。

关于第三个次第的认识，可以详说：

如来法身唯藉识境而成显现，这个说法，还有密意。一切情器世间，实在不能脱离智境而显现，因为他们都要依赖如来法身的功能，这功能说为如来法身功德。所以正确地说，应该说为：如来法身上有识境随缘自显现，当这样说时，便已经有两重密意：（1）如来法身有如来法身功德；（2）识境虽有如来法身功德令其得以显现，可是还要"随缘"，亦即随着因缘而成显现，此显现既为识境，所依处则为如来法身智境，两种境界双运，便可以称为"智识双运界"。

什么是"双运"？这可以比喻为手，手有手背与手掌，二者不相同，可是却不能异离，在名言上，即说二者为"不一不异"，他们的状态便称为双运。

如来法身智境上有识境随缘自显现，智境与识境二者不相同，可是亦不能异离，没有一个识境可以离如来法身功德而成立，所以，便不能离如来法身而成立，因此便说为二者双运，这即是智识双运。

如来法身到底有什么功能令识境成立呢？第一，是具足周遍一切界的生机，若无生机，没有识境可以生起，这便称为"现分"；第二，是令一切显现能有差别，两个人，绝不相同，两株树，亦可以令人分别出来，识境具有如是差别，便是如来法身的功能，称为"明分"，所谓"明"，即是能令人了别，了了分明。

智境有这样的功能，识境亦有它自己的功能，那便是"随缘"。"随缘"的意思是依随着缘起而成显现。这里所说的缘起，不是一般所说的"因缘和合"，今人说"因缘和合"，只是说一间房屋由砖瓦木石砌成；一只茶杯由泥土瓷釉经工人烧制而成，如是等等。这里说的是甚深缘起，名为"相碍缘起"，相碍便是条件与局限，一切事物成立，都要适应相碍，例如我们这个世间，呼吸的空气、自然界的风雷雨电，如是等等，都要适应。尤其是对时空的适应，我们是三度空间的生命，所以我们必须成为立体，然后才能够在这世间显现。这重缘起，说为甚深秘密，轻易不肯宣说，因为在古时候一般人很难了解，不过对现代人来说，这缘起便不应该是什么秘密了。

这样来认识如来藏，便同时认识了智识双运界，二者可以说为同义。于说智识双运时，其实已经表达了文殊师利法门的"不二"。

四、结　　语

上面已经简略说明密意、智识双运与如来藏，同时亦据吕澂先生的观点，说明"无经不载如来藏"，因此凡不是正面说如来藏的经论，都有如来藏为密意，也即是说，经论可以用法异门为言说来表达，但所表达的密意唯是如来藏（亦可以说为唯是不二法门），因此我们在读佛典时，便应该透过法异门言说，来理解如来藏这个密意。

例如说空性，怎样才是空性的究竟呢？如果认识如来藏，就可以这样理解：一切识境实在以如来法身为基，藉此基上的功能而随缘自显现，显现为"有"，是即说为"缘起"，缘起的意思是依缘生起，所以成为有而不是成为空。那么，为什么又说"性空"呢？那是依如来法身基而说为空，因为释迦将如来法身说为空性，比喻为虚空，还特别声明，如来法身只能用虚空作为比喻，其余比喻都是邪说，这样一来，如来法身基（名为"本始基"）便是空性基，因此在其上显现的一切识境，便只能是空性。此如以水为基的月影，只能是水性；以镜为基的镜影，只能是镜性。能这样理解性空，即是依如来藏密意而成究竟。

以此为例，即知凡说法异门实都归趣如来藏，若不依如来藏来理解，便失去密意。因此，本丛书即依如来藏来解释一些经论，令读者知经论的密意。这样来解释经论，可以说是一个尝试，因为这等于是用离言来解释言说，实在并不容易。这尝试未必成功，希望读者能给予宝贵意见，以便改进。

谈锡永

2011年5月19日七十七岁生日

引　言

　　释迦初说如来藏，即说本经，如来藏教法为三转法轮时所说，但说本经却早于三转法轮时。最早的汉译为西晋法炬所译，时当公元三世纪顷。如来藏法门在公元二世纪时已有传播，据多罗那他（Tāranātha）的《印度佛教史》，于月密王（Candragupta）时，为龙树（Nāgārjuna）弟子圣天阿阇梨（Ācārya Āryadeva）的弘法时代，此时印度南方有阿阇梨龙召（Ācārya Nāgāhvāya），其密号为如来贤（Tathāgatabhadra），亦为龙树弟子，撰有《如来藏赞》（sNying po'i bstod pa），及《三身颂赞》（sKu gsum la bstod pa）都说如来藏。后者用如来藏来说法报化三身，已经是如来藏的深密义，由此可见当时虽然以弘传如来藏的方便说为主，但阿阇梨实在已弘传其密意。近人将如来藏思想分别为前、中、后期，由是即知实非真相。除非他们把龙召撰述《三身颂赞》的时期，判为后期如来藏思想。龙召在 Vidyānagara 城传播如来藏，即使孩童亦晓得唱《如来藏经》（De bzhin gshegs pa'i snying po'i mdo）的偈颂，想象当时，龙召实以唱诵来传播如来藏法门，这是方便。

　　现在有些学者，不但将如来藏思想分为初中后期，还把传播如来藏法门的年代，推迟至公元六、七世纪，这显然不合理。如来藏法门传入汉地甚早，可以说，汉地自有佛典传译以来即有如来藏法门，如果承认龙召曾传如来藏的说法，在时间上便很合理，二世纪时龙召传播，三世纪时有汉译，同时有如来藏法门在汉地传播，那便是很自然的事。

　　其实于三转法轮之前，已有文殊师利系列经典出现，说不二法门。此不二法门即是如来藏，因为说的都是智识双运界，唯一的差别，只是于说不二法门时没有说瑜伽行用来观修,于三转法轮,释迦开头即说瑜伽行,实即说观修的差别。有这样的差别亦可以理解,于说不二法门时,释迦只说般若,以六波罗蜜多为观修,因此便不宜宣说瑜伽行法门,及至正说如来藏,强调智识双运,强调究竟转依(见下说),这时候行者便无舍离、无所得,不限于无分别,因此不能说转舍阿赖耶识、依得真如,由是便非说瑜伽行为观修止观的法门不可。也就是说,于说不二法门时未以观修为主,只建立双运见,于正说如来藏时,实以说观修为目的,以期学人能究竟转依如来藏。既然在三转法轮前已说文殊师利不二法门,那么,还怎能说如来藏有前、中、后期的分别?若这样说时,文殊师利便比释迦超胜,他可以由说不二法门来表达如来藏的究竟见,释迦牟尼的如来藏说,反而要由后人一步一步来成熟,这显然是对释迦的诽谤。

说释迦早于三转法轮时说本经,详见下面所说。这个说法若能成立,那便可以说,释迦说如来藏比文殊师利说不二法门还要早,然而本经亦未说观修,当然亦未说瑜伽行,这亦与不二法门系列经典相同,说不二法门而未说瑜伽行,因为不二法门不说究竟转依。

此经原有四汉译,今只传两种:

一、大方等如来藏经,东晋佛陀跋陀罗(Buddhabhadra,觉贤,359—429)译

二、大方广如来藏经,唐代不空(Amoghavajra,不空金刚,705—774)译

两译比较,唐译文字较多,这未必是晋译本有所删节,很可能是所据的梵本有详略的不同,然而两译所言大致无异,对如来藏的说法,亦毫无二致。

至于西藏译本则仅得一种,为释迦光(Śākyaprabha)与智军(Ye shes sde)所译,题为 *'Phags pa de bzhin gshegs pa'i snying po zhes bya ba theg pa chen po'i mdo*,对译为梵文,即是 *Ārya-tathāgata-*

garbha-nāma-mahāyāna-sūtra，意为《圣如来藏名大乘经》。藏译与唐译相近。

《如来藏经》既为早期所说，所以文字上未说深密义，它只突出一点：一切众生皆有如来藏，常住不变。然后用九种喻说如来藏为烦恼所缠，所以众生不自知有如来藏。这是如来藏的根本思想，由此可以将一切众生心性的清净分说为如来藏，杂染分说为阿赖耶识，再向下建立，便可以说如来藏是清净心的境界，阿赖耶是杂染心的境界[①]。经中说九种密义，即是说清净心与杂染心，此为后来《宝性论》(Ratnagotravibhāga) 所引用，有颂言：

> 萎华中佛蜂腹蜜　皮壳中实粪中金
> 地中宝藏种中芽　破朽衣中胜者像
> 贫丑女怀轮王胎　泥模之中藏宝像
> 住于有情如来性　客尘烦恼垢覆障[②]

此九喻即为：1. 萎华中佛、2. 蜂腹中蜜、3. 皮壳中实、4. 粪中金、5. 地中宝藏、6. 种中芽、7. 破朽衣中胜者像、8. 贫丑女怀中轮王胎、9. 泥模中宝像。

在经中未说九喻所喻，于《宝性论》则说为依次比喻九种烦恼：

1. 贪随眠性相烦恼 (rāgānuśayalakṣana-kleśa)

2. 瞋随眠性相烦恼 (dveṣānuśayalakṣana-kleśa)

3. 痴随眠性相烦恼 (mohānuśayalakṣana-kleśa)

4. 贪瞋痴随眠增上相烦恼 (tivrarāgadveṣamohaparyavasthānalakṣana-kleśa)

[①] 我们可以这样理解，由外义至密义说如来藏，有三个层次。第一个层次，说如来藏是清净心的境界，阿赖耶是杂染心的境界；第二个层次，说如来藏是：如来法身功德与随缘自显现的识境双运；第三个层次，说如来藏是：如来法身与如来法身功德双运。

[②] 依谈锡永译：《宝性论梵本新译》第一品，颂96—97。台北：全佛文化，2006年。下引同。

5. 无明住地所摄烦恼（avidyāvāsabhūmisaṃgṛhīta-kleśa）
6. 见道所断烦恼（darśanaprahātavya-kleśa）
7. 修道所断烦恼（bhāvanprahātvya-kleśa）
8. 不净地所摄烦恼（aśuddhabhūmigata-kleśa）
9. 净地所摄烦恼（śuddhabhūmigata-kleśa）①

这九种烦恼，通摄凡夫、资粮道学人、未净地菩萨学人（初地至七地）、清净地菩萨学人（八地至十地），他们都是众生。须断尽此九种烦恼，然后才能至无学道（佛地）。关于这九种烦恼，将于诠释正文时分别详说。现在且依《宝性论》通说此九种烦恼的自性。

初，1至3分别说贪、瞋、痴随眠性相的烦恼，即谓世间有情即使能离贪等，但仍然有诸烦恼，正由于有这些烦恼，小乘行人才会在禅定中入心识不动的境界，这种禅定称为"不动地"（āniñjyasṃskāra）②。以不动地为因，即能离欲界而入色界及无色界，虽然如此，但定中之所得依然是烦恼，这些烦恼须由"出世间智"断除。如是即是贪、瞋、痴随眠性。

次，第4种贪、瞋、痴随眠增上相烦恼，为凡夫所摄。这些烦恼成为福与非福的因，得欲界果报，须由修对治观来断除。由于凡夫贪、瞋、痴烦恼等起，所以便不再分别为三种。

三，第5种无明住地所摄烦恼，为阿罗汉所摄，能成为生起无漏业之因，得成就无垢意生身。这种烦恼能为"如来觉智"所断除。

四，第6种见道所断烦恼，为凡夫学人所摄，"初出世间智"能断；第7种修道所断烦恼，为圣者学人所摄，依"出世间见修习智"能断。

五，第8种不净地所摄烦恼，为初至七地菩萨所摄，依所摄烦恼而修对治，即八地至十地的"修道智"能断，其所对治及断除即是这种烦

---

① 参《宝性论梵本新译》第一品，《明九喻所喻》。
② āniñjyasaṃskāra，汉译"不动地"，指二乘于三摩地中，不为贪等所动之禅定境界，其实应该称为"不动定"，因为说"不动地"时很可能跟菩萨第八不动地混淆。

恼;第9种净地所摄烦恼,为八至十地菩萨所摄,依所摄烦恼而修对治,唯金刚喻地能断。

说"断尽此九种烦恼",其实亦是方便说,现证如来藏实无所断除亦无所得,用瑜伽行派的道名言,便说为"究竟转依"。在《辨法法性论》(Dharmadharmatāvibhaṅga)中,即详说此究竟转依。然而转依实有两种,一是唯识今学的转依(āśrayaparāvṛtti),一是究竟转依(āśrayaparivṛtti),对此亦须一说。

第一种,唯识今学的转依,是转舍阿赖耶识而依真如。在《成唯识论》中,说真如为"迷悟依",若迷,则依如而生死;若悟,则依如而涅槃。因此,转依的定义便是:

> 愚夫颠倒,迷此真如,故无始来受生死苦;圣者离倒悟此真如,便得涅槃毕究安乐。由数修习无分别智,断本识中二障粗重故,能转灭依如生死,及能转证依如涅槃,此即真如离杂染性。如虽净而相杂染,故杂染时假设新净,即此新净说为转依。①

这样说,所谓转依,便是转舍阿赖耶识(本识)中的二障,由是转灭依如生死(迷),转证依如涅槃(悟)。将这种转依义对应《如来藏经》,便可以说,迷此真如而成烦恼,由是即成为真如的障,凡夫因此即不识如来藏,当识如来藏时便悟入真如,有如萎华中见佛。

第二种转依名为究竟转依,为瑜伽行古学所说。此究竟转依,实即是:由依于有分别的心识,转为依于无分别的如来藏,那便只是心识境界的转变。由此转变,即能由虚妄分别心识,转为无分别智境界,因此没有舍离的作意,亦没有所得。这样才能说成佛不是新得,证智亦不是新得一个智,只可以说为如来藏显露。

在瑜伽行派论典中,世亲《佛性论》引《大宝积经·普明菩萨会》(大迦叶品)的一个比喻,说有黑暗住于室中千年,当有人持灯入室时,光明

---

① 见《成唯识论》卷十,大正·三十一,no. 1585,第51页。

刹那现前，黑暗同时退却。世亲说：黑暗不能说我住此室千年之久，所以光明来时我可不去。这个比喻即是说转依。当无分别智境（如来藏）现前时，分别心即同时不现前，由是行者只需令无分别智现前，便有如持灯入千年暗室，如是即是究竟转依。此中无所舍离，持灯的人不须作意要舍离黑暗，当黑暗离去之后，我才持灯入室；此中亦无所得，持灯的人不须说我要此室得到光明。

将这究竟转依对应本经，便可以说，学人由见萎华同时见佛。这里的重点是"同时"，所以不是先见萎华然后见佛，亦不是先见佛然后见萎华。这便是九种如来藏喻的密意。由此密意，即知本经所说实为究竟转依，而不是唯识今学所说的阿赖耶转依。

经中虽然未正说转依，但实际上已经以表达转依为密意，于读本经时须注意及此。

下面疏释经文，即以上面所说为基础，然后依如来藏九种喻，一一说其密意，上面所说即不重复，读者须知，于别说九种密意时，其实不离上面的通说。必须如此理解，然后才知道本经的价值之所在，不但引导学人入如来藏之门，实在已经兼说地前、地上等各地位所应断的烦恼，这就与如来藏的观修有关，并不是只说见地。

三转法轮诸经，凡说如来藏，都说为"狮子吼"；都说为如来的密意，这种情形，为诽拨如来藏的人所不肯说。然如来藏诸经，实由本经作前导，所以本经所说虽然简略，但已显示如来藏实为智识双运，亦可以说是清净与杂垢双运，这已经是如来藏的根本思想。在如来藏诸经中，还显示无作意、无舍离、无整治，这些观修见地则不见于本经中，因为作为前导的经，实在不必要将观修的深密义显示，否则便非前导，因此读者于研读本经时，不可仅依本经来理解如来藏的深密见与深密的观修，仅依本经入如来藏之门即可。说如来藏观修的经典，在《大宝积经》中，有《无边庄严会》一经，即说观修如来藏的陀罗尼门，研究如来藏的人应该参考，可惜此经于近代已受人忽视，笔者已疏释《无边庄严会》的密意，收本丛书系列，希望通过系统地疏释经论中的如来藏密意，能令如来藏这究竟法门,更不受诽谤,而能导人入佛家的究竟见,以及理解对此究竟见的观修脉络。

再者,比对藏译,则晋唐二译都有些缺憾,未能将一些微妙处译出,本来在疏释时想随文校勘,但后来发觉,这样一来反更琐碎,令疏文不能一气呵成。因此,现在把全数分为两篇,上篇疏晋译及唐译,下篇则释依藏文而译的新译①。译时,尽量用唐译的名言,若须改译,则于脚注中说明。依藏文可见的密意,亦于新译文下附出,标为"新疏"。新疏中所说,可以补充依汉译而疏的疏文,敬希读者指正。

---

① 此新译乃依 Michael Zimmermann 教授的校订本而翻,详见 Michael Zimmermann, *A Buddha Within: The Tathāgatagarbhasūtra*, *Bibliotheca Philologica et Philosophica Buddhica* VI, The International Research Institute for Advanced Buddhology, Tokyo: Soka University, 2002。

上 篇
《如来藏经》晋译及唐译

《如来藏经》

梵名：Ārya-tathāgata-garbha-nāma-mahāyāna-sūtra

藏名：'Phags pa de bzhin gshegs pa'i snying po shes bya ba theg pa chen po'i mdo

（译言：圣如来藏名大乘经）

汉名：1. 大方等如来藏经 东晋佛陀跋陀罗译

      （以下称晋译）

    2. 大方广如来藏经 唐不空三藏译

      （以下称唐译）

〔前分〕

【晋译】 如是我闻：一时佛在王舍城耆阇崛山中，宝月讲堂栴檀重阁，成佛十年，与大比丘众百千人俱。菩萨摩诃萨六十恒河沙，皆悉成就大精进力，已曾供养百亿那由他诸佛，皆悉能转不退法轮。若有众生闻其名者，于无上道终不退转。其名曰：法慧菩萨、师子慧菩萨、金刚慧菩萨、调慧菩萨、妙慧菩萨、月光菩萨、宝月菩萨、满月菩萨、勇猛菩萨、无量勇菩萨、无边勇菩萨、超三界菩萨、观世音菩萨、大势至菩萨、香象菩萨、香上菩萨、香上首菩萨、首藏菩萨、日藏菩萨、幢相菩萨、大幢相菩萨、离垢幢菩萨、无边光菩萨、放光菩萨、离垢光菩萨、喜王菩萨、常喜菩萨、宝手菩萨、虚空藏菩萨、离憍慢菩萨、须弥山菩萨、光德王菩萨、总持自在王菩萨、总持菩萨、灭众病菩萨、疗一切众生病菩萨、欢喜念菩萨、餍意菩萨、常餍菩萨、普照菩萨、月明菩萨、宝慧菩萨、转女身菩萨、大雷音菩萨、导师菩萨、不虚见菩萨、一切法自在菩萨、弥勒菩萨、

〔前分〕

【唐译】 如是我闻：一时薄伽梵住灵鹫山宝盖鹿母宅，于栴檀藏大楼阁中，成等正觉十年之后，当热时际，与大苾刍众千人俱，有学、无学、声闻、罗汉，诸漏已尽无复烦恼，皆得自在，心善解脱，慧善解脱，获得正智，犹如大龙，所作已办。舍弃重担，逮得已利，尽诸有结，到于彼岸。所谓具寿大迦叶波、具寿沤楼频蠡迦叶波、具寿那提迦叶波、具寿伽耶迦叶波、具寿大迦旃延、具寿俱郗罗、具寿薄俱罗、具寿离波多、具寿须菩提、具寿满慈子、具寿语自在、具寿舍利子、具寿大目揵连、具寿憍陈如、具寿乌陀夷、具寿罗呼罗、具寿难陀、具寿邬波难陀、具寿阿难陀，与如是等上首苾刍一千人俱。复有六十殑伽河沙数菩萨摩诃萨俱。从种种佛刹而来集会，皆是一生补处。得大神通力无所畏，已曾承事无量俱胝那庾多百千诸佛，悉皆能转不退法轮。若有无量阿僧祇世界有情才称名者，皆于阿耨多罗三藐三菩提得不退转。所谓法慧菩萨、师子慧菩萨、

文殊师利菩萨，如是等六十恒河沙菩萨摩诃萨，从无量佛刹，与无央数天龙、夜叉、乾闼婆、阿修罗、迦楼罗、紧那罗、摩睺罗伽俱，悉皆来集，尊重供养。

文殊师利

虎慧菩萨、义慧菩萨、胜慧菩萨、月光菩萨、宝月光菩萨、满月光菩萨、大勇健菩萨、无量勇健菩萨、无边勇健菩萨、三世勇健菩萨、得大势菩萨、观自在菩萨、香象菩萨、香悦菩萨、香悦吉祥菩萨、吉祥藏菩萨、计都菩萨、大幢菩萨、无垢幢菩萨、无上幢菩萨、极解宝刹菩萨、无垢宝刹菩萨、欢喜王菩萨、常欢喜菩萨、虚空库菩萨、迷卢菩萨、大迷卢菩萨、苏迷卢菩萨、功德宝光菩萨、陀罗尼自在王菩萨、持地菩萨、除一切有情病菩萨、欢喜意菩萨、忧悲意菩萨、无忧菩萨、光藏菩萨、栴檀菩萨、于此无争菩萨、无量雷音菩萨、起菩提行菩萨、不空见菩萨、一切法自在菩萨、慈氏菩萨、曼殊室利童真菩萨，如是等而为上首，有六十殑伽沙数菩萨摩诃萨俱。复有无量世界中。无量阿僧祇天龙、药叉、捷达嚩、阿苏罗、孽噜荼、紧那罗、摩呼罗伽、人非人等，皆来集会。

复有国王大臣寮佐，长者居士及诸人众，皆来集会。尔时世尊，与百千众前后围绕，恭敬供养。

【疏】这本经说是释迦成佛十年后所说,释迦说法共四十年,照这说法,那么这便是早期所说的经典,也就是说,释迦早期便已说如来藏。

通阅如来藏系列经典,本经虽有密意,但内容却比较简单,只说如来藏九喻,所以可以认定这是释迦初说如来藏时所说。现代有些学者,喜欢将经论依照他们宗派的见地来分期,因此认为一种学说不应该在某种学说之前出现,假如出现,那就必是伪经伪论。倘若持着这种态度来看本经,应该又会生疑,认为如来藏是三转法轮所说,那就不可能是成佛十年后所说的经。这种依宗见而硬性分期的态度,其实未必合理。例如,瑜伽行的三自性,即遍计、依他、圆成自性,被认定为三转法轮的法门,可是,在二转法轮的般若经中便已谈到三自性,如《八千颂般若》(Aṣṭasāhasrikā piṇḍārtha)云:

   般若波罗蜜 说三种依止①

那么,是否可以将《八千颂般若》视为伪经呢?

此外,前面已经说过,根据多罗那他《印度佛教史》,于龙树弟子提婆阿阇梨的弘法时代,在印度南方有阿阇梨龙召,密号如来贤(Tathāgatabhadra),他亦是龙树的弟子,然而他却以广弘本经著称,于南方一带,连小孩子都将本经的偈颂当歌来唱。如果又硬性分期,便可以说龙树和提婆只说缘起,那个时期不应该有如来藏的法门弘扬。那么,便又可以否定多罗那他的说法。由此可见,依宗见将法门分期的做法未必合理。反之,本经明说为释迦成佛十年后所说,我们便不妨认定释迦成佛十年即已说如来藏,其后于三转法轮时才加以广说。

关于闻法者,晋译只列菩萨名号,唐译则有各大声闻的名号,这未必是所据梵本不同。将两译比较,晋译可能只是节译,译者认为如来藏法门非声闻众所学,由是便将各大声闻的名号省略。

在这里,须注意闻法的声闻与菩萨所具的功德。依唐译,声闻所具

---

① 依(宋)施护译:《佛母般若波罗蜜多圆集要义论》,大正,1518,页913b。

的功德是:"诸漏已尽无复烦恼,皆得自在,心善解脱,慧善解脱,获得正智,犹如大龙,所作已办。舍弃重担,逮得已利,尽诸有结,到于彼岸。"那就是已得证智的大声闻;菩萨的功德是:"皆是一生补处。得大神通力无所畏,已曾承事无量俱胝那庾多百千诸佛,悉皆能转不退法轮。"那就是等觉菩萨。此即说,本经的闻法对象唯是到彼岸者、不退转者。余闻法者,则可视为随喜。指出这点很重要,因为如来藏是究竟教法,是故便须突出堪能闻法的资格。

【晋译】尔时世尊于栴檀重阁，正坐三昧而现神变。有千叶莲华大如车轮，其数无量，色香具足而未开敷，一切花内皆有化佛，上升虚空弥覆世界犹如宝帐。一一莲花放无量光，一切莲花同时舒荣。佛神力故，须臾之间皆悉萎变。其诸花内一切化佛结加趺坐，各放无数百千光明。于时此刹庄严殊特，一切大众欢喜踊跃，怪未曾有，咸有疑念：今何因缘无数妙花忽然毁变，萎黑臭秽甚可恶餍。

【唐译】尔时世尊于栴檀藏大楼阁中。食时后入佛神力故，从栴檀藏忽然涌出俱胝那庾多百千莲花。一一莲花有俱胝那庾多百千叶，量如车轮，色香具足。是诸莲花上升虚空。遍覆一切诸佛刹土，共相合成，如宝宫殿安住虚空。彼一切俱胝那庾多百千莲花皆悉开敷，于一一花中皆有如来结跏趺坐，具三十二大丈夫相放百千光。是时以佛威神力故。诸莲花叶忽然痿瘁，形色臭秽而可厌恶，皆不悦意。于花胎中诸如来等，各放无量百千光明，普现一切诸佛刹土，皆悉端严。尔时一切菩萨及四部众皆悉惊愕，生奇特想，怪未曾有。以佛世尊现作如是神通之事，大众见斯咸怀疑惑，作是念言：何因缘现俱胝那庾多百千莲花，于须臾顷形色变坏，甚可厌恶，无复悦意，于莲花中现如来相，结跏趺坐放百千光明，如是光明令人爱乐。

【疏】晋译节略，唐译则广。

此处显明说本经的因缘。"从栴檀藏忽然涌出俱胝那庾多百千莲花。一一莲花有俱胝那庾多百千叶"，一俱胝（koṭi）或说为千万，或说为一亿；一那庾多（nayuta）或说为十亿，或说为千亿，二者合言，最大的数量可能是千亿亿，此即形容莲花之多与莲瓣之多，以此广大无量的莲花，上升虚空合成一宝帐，那就是"一即是多，多即是一"，这便是如来藏的密意。

如来法身是佛内自证智境界（pratyātmagatigocara），并非个体，即使有俱胝那庾多众生得证如来法身，此如来法身依然是一，因为佛内自证智境界只能是一，三世诸佛所证皆唯此一，这是一与多的一重密意。

复次，如来法身具如来法身功德，由此功德，令俱胝那庾多世间显现，功德是一，世间是多，一功德能显现多世间，这是一与多的另一重密意。

依此两重密意，即成智识双运界，可譬喻为弥覆世界的宝帐。这样，由密意便将如来藏显示出来。然而这个譬喻隐密，所以下面才用九种譬喻来显示如来藏，是为落于言说的善巧方便。

经中更说萎花中见如来，这是九个譬喻中最先出的譬喻。在本经中，说如来藏为烦恼缠所缠，很明显萎花中所见如来，即喻如来藏，至于萎花当然比喻为烦恼缠。九个譬喻都同一义理，只是所譬喻的烦恼不同。这样的譬喻其实只是如来藏的方便说，释迦初说如来藏时，不能立即便说究竟义。受烦恼所缠的如来藏，实在是说佛种性，严格来说，佛种性不同如来藏，不过，在众生心识中的佛种性亦即如来种姓，是故可以视为如来法身，由是亦当然同时具有如来法身功德，法身与功德双运，便即是如来藏，因此萎花中见如来的譬喻，虽未明显地表示如来藏的究竟义，但亦与究竟义不相违。

【晋译】尔时世尊知诸菩萨大众所疑,告金刚慧:善男子,于佛法中诸有所疑,恣汝所问。时金刚慧菩萨知诸大众咸有疑念,而白佛言:世尊。以何因缘。无数莲花中皆有化佛,上升虚空弥覆世界,须臾之间皆悉萎变,一切化佛各放无数百千光明,众会悉见,合掌恭敬。

【唐译】尔时金刚慧菩萨摩诃萨,及诸大众皆悉云集于栴檀藏大楼阁中恭敬而坐。尔时世尊告金刚慧菩萨摩诃萨言:汝善男子,今应可问如来应正等觉甚深法要。尔时金刚慧菩萨摩诃萨承佛圣旨,普为一切天人世间,菩萨摩诃萨及四部众怀疑惑故。白佛言:世尊,以何因缘,一切世界现于俱胝那庾多百千莲花,一切于花胎中皆有如来,结跏趺坐放百千光。是诸莲花,忽然之间形色可恶而令生厌,于彼花中俱胝那庾多百千如来,合掌而住,俨然不动。

【疏】佛经中问佛的菩萨,其名号常常点出一经的主题,本经由佛嘱咐金刚慧菩萨请问甚深法要,所以金刚慧这个名号,便与本经的主题有关,也可以说,只能用"金刚慧"才能了知如来藏。

什么是金刚慧,即是通达诸法实相的智慧,以此智慧破除诸相。在《维摩诘所问经》中,诸菩萨说入不二法门,狮子菩萨说言:"罪福为二,若达罪性则与福无异,以金刚慧决了此相,无缚无解者,是为入不二法门。"①这即是说金刚慧可以破除罪相与福相,由是通达罪与福的实相,当了知实相时,则罪福不异。

狮子菩萨的名号,于日本正仓院圣语藏本(天平写经)作狮子吼菩萨,凡说如来藏的经,都称为狮子吼,因此说金刚慧通达诸法实相,亦即由金刚慧始能悟入如来藏。

---

① 大正·十四,no. 475,页550c。

如来藏有一密意,说为"大平等性",一切世间平等,一切诸法平等,因为一切世间与一切诸法,都是如来法身上的随缘自显现,以此之故,即便平等,所以狮子菩萨才会说"以金刚慧决了此相,无缚无解者,是为入不二法门"。所谓"决了",即是决定与了知,其所决了者,即是由悟入大平等性而悟入如来藏。

龙树菩萨

【晋译】尔时金刚慧菩萨，以偈颂曰：

　　我昔未曾覩　　神变若今日
　　见佛百千亿　　坐彼莲花藏

　　各放无数光　　弥覆一切刹
　　离垢诸导师　　庄严诸世界

　　莲花忽萎变　　莫不生恶䞋
　　今以何因缘　　而现此神化

　　我覩恒沙佛　　及无量神变
　　未曾见如今　　愿为分别说

尔时世尊，告金刚慧及诸菩萨言：善男子，有大方等经名如来藏，将欲演说，故现斯瑞。汝等谛听善思念之。咸言：善哉，愿乐欲闻。

【唐译】尔时金刚慧菩萨摩诃萨以伽他问曰：

　　我曾不见如来相　　而作神通之变化
　　现佛无量千俱胝　　住莲花胎寂不动

　　放千光明而影现　　悉皆映蔽诸佛刹
　　奇特于法而游戏　　彼诸佛等悉端严

　　犹如妙宝而显现　　于恶色莲花中坐
　　是莲花叶皆可恶　　云何作是大神通

　　我曾见佛如恒沙　　见彼殊胜神通事
　　我未曾见如是相　　如今游戏之显著

　　唯愿天中尊说示　　何因何缘而显现
　　唯愿世利作哀愍　　为除一切诸疑惑

尔时世尊告金刚慧等上首菩萨，及一切众菩萨言：善男子，有大方广如来藏经甚深法要，如来欲说，是故先现如是色相。汝等善听极善听，作意思惟。尔时金刚慧菩萨等一切菩萨摩诃萨言，善哉，世尊，愿乐欲闻。

【疏】此段为金刚慧菩萨的正问，菩萨以偈颂请问于佛。

此处晋译优于唐译，晋译言：

　　　　见佛百千亿　　坐彼莲花藏

> 各放无数光　弥覆一切刹

这样就与经文开端处,说"一即是多,多即是一"关合,亦即所问能切合经的主题。唐译这四句颂说:

> 现佛无量千俱胝　住莲花胎寂不动
> 放千光明而影现　悉皆映蔽诸佛刹

意思与晋译全同,只是不用"弥覆"而用"映蔽",多即是一的意思便有点隐晦。

金刚慧菩萨于问佛时,说自己"我曾见佛如恒沙,见彼殊胜神通事",这两句话表明自己过去世曾供养诸佛,受诸佛教化,那就是说,堪能问佛的人,于宿世都曾广积福德智慧二种资粮,这样才堪问究竟义的法门。

不空金刚

〔正分〕

【晋译】佛言：善男子，如佛所化无数莲花忽然萎变，无量化佛在莲花内，相好庄严，结加趺坐，放大光明，众覩希有，靡不恭敬。如是善男子，我以佛眼观一切众生，贪欲恚痴诸烦恼中，有如来智、如来眼、如来身，结加趺坐，俨然不动。善男子，一切众生，虽在诸趣，烦恼身中有如来藏，常无染污，德相备足如我无异。又善男子，譬如天眼之人，观未敷花，见诸花内有如来身结加趺坐，除去萎花，便得显现。如是善男子，佛见众生如来藏已，欲令开敷，为说经法，除灭烦恼，显现佛性。善男子，诸佛法尔，若佛出世、若不出世，一切众生如来之藏常住不变，但彼众生烦恼覆故。如来出世广为说法，除灭尘劳，净一切智。善男子，若有菩萨信乐此法，专心修学，便得解脱，成等正觉，普为世间施作佛事。

〔正分〕

【唐译】佛言：善男子，如此如来变化莲花，忽然之间成恶色相，臭秽可恶，令不爱乐，如是花中而现佛形，结跏趺坐，放百千光明，相好端严，人所乐见。如是知已，有多天龙、药叉、健达嚩、阿苏罗、孽路荼、紧那罗、摩呼罗伽，人非人等，礼拜供养，如是如是。善男子，如来应正等觉，以佛自己智慧光明眼，见一切有情，欲瞋痴贪，无明烦恼。彼善男子、善女人，为于烦恼之所凌没，于胎藏中，有俱胝百千诸佛悉皆如我。如来智眼观察彼等，有佛法体，结跏趺坐，寂不动摇，于一切烦恼染污之中，如来法藏本无摇动，诸有趣见所不能染。是故我今作如是言。彼等一切如来如我无异，善男子，如是如来以佛智眼，见一切有情如来藏。善男子，譬如以天妙眼，见于如是恶色恶香，诸莲花叶缠裹逼迫，是以天眼见彼花中，佛真实体结跏趺坐。既知是已，欲见如来，应须除去臭秽恶业，为令显于佛形相故，如是如是。善男子，如来以佛眼，观察一切有情如来藏。

令彼有情欲瞋痴贪无明烦恼藏,悉除遣故,而为说法。由闻法故,则正修行,即得清净如来实体。善男子,如来出世、若不出世,法性法界一切有情,如来藏常恒不变。复次,善男子,若诸有情可厌烦恼藏缠,为彼除害烦恼藏故,净如来智故,如来应正等觉为于菩萨而说法要,作如是事,令彼胜解。既胜解已,于法坚持,则于一切烦恼随烦恼而得解脱。当于是时,如来应正等觉于其世间而得其数,是能作于如来佛事。

【晋译】尔时世尊以偈颂曰：　　【唐译】尔时世尊说伽他曰：

譬如萎变花　其花未开敷　　　如彼莲花可厌恶　并其胎叶及须蘂
天眼者观见　如来身无染　　　譬如天眼而观见　是如来藏无所染

除去萎花已　见无碍导师　　　若能除去萎花叶　于中即见如来身
为断烦恼故　最胜出世间　　　复不被诸烦恼染　则于世间成正觉

佛观众生类　悉有如来藏　　　今我悉见诸有情　内有如来微妙体
无量烦恼覆　犹如秽花缠　　　除彼千俱胝烦恼　令厌恶如萎莲花

我为诸众生　除灭烦恼故　　　我为彼等而除遣　我智者常说妙法
普为说正法　令速成佛道　　　佛常思彼诸有情　悉皆愿成如来体

我已佛眼见　一切众生身　　　我以佛眼而观见　一切有情住佛位
佛藏安隐住　说法令开现　　　是故我常说妙法　令得三身具佛智

【疏】经入正文，佛即正说如来藏喻，第一喻即萎花中见如来。对于这个喻，晋译说得简明："一切众生，虽在诸趣，烦恼身中有如来藏，常无染污，德相备足如我无异。"唐译文字虽多，其实亦不出此意。不过，佛在这里说如来藏，亦只是方便说，比较三转法轮时所说如来藏诸经即可知。例如在《胜鬘经》、《不增不减经》等诸经中所说，便有更深广的说法。

这里所说的如来藏，只是说一切有情诸烦恼中，有如来智、如来眼①，这即是说一切有情都是佛种性。这佛种性是"法尔"，亦即自然具足，"若佛出世、若不出世，一切众生如来之藏常住不变"。然则一切有

---

① 晋译"有如来智、如来眼、如来身"，依藏译，应无"如来身"。藏译合，如来藏非是如来身，可以说是如来智，由如来智而见，便是"如来眼"。

情何以不见如来藏,即是因为:"但彼众生烦恼覆故。"

这佛种性亦即是如来法身,所以唐译便说为"佛法体"。可是唐译为了强调如来法身的真实,便又说为"佛真实体"、"清净如来实体",这样的翻译,落他空见。所谓他空见,即是清净如来实体不空,如来实体上一切诸法皆空。一切诸法是外加在如来实体上的法,相对如来实体来说,便是"他",所以说是"他空"。

由这里可见,晋译不落他空,唐译则落他空。唐译为不空三藏所译,他是传密法入中土的大师,所传为下三部密,亦即事密、行密、瑜伽密,这三部密的见地,依道名言可说为他空大中观见,由是二译译者的见地便有分别。在藏传密法中,觉囊派亦主他空大中观,但他们却是无上瑜伽密,依照宁玛派的判别,不能说觉囊派错,只是不究竟。

说如来藏即是说佛性,因有佛性,是故成佛便不是新得,只是佛性显露,若一切有情无佛性,则必非新得一佛性不可,否则便不能成佛。所以有情有无佛性,便成为宗见的诤论。

所谓佛性,其实即是心性,亦即佛性当在一切有情的寻常心中。这寻常心的深密义,施设为阿赖耶识,若执著阿赖耶识为我,便流转轮回,若能还灭阿赖耶识,是即解脱涅槃。阿赖耶识还灭,便是如来藏,所以《入楞伽经》说:"如来藏名为藏识"。经中所说的"如来藏藏识"实即依此而言。

《大乘起信论》说"一心二门",将两门并列是方便说,因为此论的目的只在"起信",所以未说如来藏的深密义,但我们却不能说它错,因为一心中的"如来藏藏识"亦可以说为二门。若究竟说,则可以这样理解,若只知阿赖耶识,那便落于识境,是即轮回的因。若现证智识双运的如来藏,是即还灭阿赖耶,所以智识双运的如来藏便是佛性,亦即如来法身与如来法身功德双运。

由智识双运的境界,可以成立法、报、化三身,如来法身固然是法身,但如来法身功德则可成就报身与化身。

偈颂末四句,晋译作:

> 我已佛眼见　一切众生身
> 佛藏安隐住　说法令开现

唐译则作:

> 我以佛眼而观见　一切有情住佛位
> 是故我常说妙法　令得三身具佛智

两译比较,晋译只是说,佛的说法可令佛藏(如来藏)显现,此与藏译同,唐译则添加一句,"令得三身具佛智",虽然是添文,但亦不违法义,因为由佛智(根本智与后得智)可成就三身。译师不空三藏为密法上师,故知此法义,这法义亦可以说是佛智的密意。

依《宝性论》说这个喻所譬喻的烦恼藏是贪烦恼,因此有颂说:

> 譬如泥中莲　初开人贪悦
> 花萎人不喜　贪爱亦如是①

复有释颂言:

> 譬如萎败莲华中　佛具千种光辉相
> 无垢天眼始得见　于败莲中出彼佛
>
> 是故善逝具佛眼　地狱亦见其法性
> 尽未来际大悲悯　解脱有情于此障
>
> 萎莲之中见善逝　具天眼者绽花开
> 佛见世间如来藏　贪嗔诸障以悲离②

这个译颂已点出萎花中见如来的密意:一者,具"无垢天眼"者,才能见到败莲中佛具千种光辉相;二者,如来"具佛眼",所以地狱中亦见

---

① 依谈锡永译:《宝性论梵本新译》,第一品,颂134。
② 同上书,颂99—101。

有法性，如是法性平等，周遍一切世间、周遍一切界；三者，佛以大悲离世间诸障，由是即见如来藏。这如来藏称为"世间如来藏"，即表示一切世间皆由如来法身功德所成立，所以这些世间不离如来法身，亦即一切识境不离佛内自证智境。

【晋译】复次善男子,譬如淳蜜在岩树中,无数群蜂围绕守护。时有一人巧智方便,先除彼蜂,乃取其蜜,随意食用,惠及远近。如是,善男子,一切众生有如来藏,如彼淳蜜在于岩树,为诸烦恼之所覆蔽,亦如彼蜜群蜂守护。我以佛眼如实观之,以善方便随应说法,灭除烦恼,开佛知见,普为世间施作佛事。

　　尔时世尊以偈颂曰:

　　譬如岩树蜜　　无量蜂围绕
　　巧方便取者　　先除彼群蜂

　　众生如来藏　　犹如岩树蜜
　　结使尘劳缠　　如群蜂守护

　　我为诸众生　　方便说正法
　　灭除烦恼蜂　　开发如来藏

　　具足无碍辩　　演说甘露法
　　普令成正觉　　大悲济群生

【唐译】复次,善男子,譬如蜜房,悬于大树,其状团圆,有百千蜂遮护其蜜。求蜜丈夫以巧方便,驱逐其蜂而取其蜜,随蜜所用。如是如是,善男子,一切有情犹如蜜房,为俱胝百千烦恼随烦恼之所藏护,以佛智见,能知此已,则成正觉。善男子,如是蜜房,智者丈夫既知其蜜,亦复了知,于俱胝百千众烦恼蜂之所守护。如是一切有情,以如来智见,知已成佛,于彼为俱胝百千烦恼随烦恼之所遮覆,善男子如来以巧方便力,为害蜂者教诸有情,驱逐欲、瞋、痴、慢、悕、覆、忿、怒、嫉、悭烦恼随烦恼故,如是说法。令诸有情不为烦恼之所染污,无复逼恼,亦不附近。善男子,云何此等有情,我以如来智见为净除故,于诸世间而作佛事,善男子,以清净眼,见诸有情如是清净。

　　尔时世尊说伽陀曰:

犹如蜜房状团圆　　众蜂护而所隐覆
求蜜丈夫而见已　　悉皆驱逐于众蜂

我见有情在三有　　亦如蜜房无有异
俱胝众生烦恼蜂　　彼烦恼中如来住

>　　我佛常为净除故　　害彼烦恼如逐蜂
>　　以巧方便为说法　　令害俱胝众烦恼
>
>　　云何成佛作佛事　　常于世间如蜜器
>　　犹如辩才说好蜜　　令证如来净法身

【疏】这一节经文唐译较晋译完整，晋译译失一句经义，即是唐译"善男子，以清净眼，见诸有情如是清净"（此句亦未译得完全妥帖，参见新译）。

这个譬喻是以蜂蜜喻如来藏、以蜂房喻情器世间、以守护蜂房的蜜蜂喻诸烦恼。依《宝性论》则说，喻瞋烦恼，所以有颂言：

>　　譬如酿蜜蜂　　受扰即刺人
>　　恰如嗔起时　　令心生诸苦①

复有释颂言：

>　　譬如蜜酿蜂群内　　为具智者所发现
>　　欲以善巧方便法　　散诸蜂群而取蜜
>
>　　世尊一切种智眼　　见此性犹如蜂蜜
>　　毕竟成就于此性　　不与如蜂障相应
>
>　　欲得千万蜂绕蜜　　求者驱蜂取蜜用
>　　烦恼如蜂蜜如智　　佛如善巧除灭者②

此中次颂说的"此性"，即是如来性（佛性），由此可知所谓一切众生皆有佛性，亦即一切众生皆有如来藏。如来性即在众生平常心中，不

---

① 谈锡永译：《宝性论梵本新译》，第一品，颂135。
② 同上书，颂102—104。

过,众生只见自己的心性而不见如来性,心性所显现者为诸烦恼,若净除诸烦恼,则如"驱蜂取蜜",如来性即能显现。这便亦是所谓"转依"。然而如何净除诸烦恼呢,经言:"以如来智见为净除。"所谓"如来智见",并不是现证如来智,而是悟入如来智、了知如来智,以如来智为见地而作观修。因此,若不解悟如来藏法门,则没有转依的可能。瑜伽行古学说究竟转依,同时说如来藏的见地与观修,即是因为这一点。晋译所译失的便亦是这点意思。

【晋译】复次,善男子,譬如粳粮未离皮䆧,贫愚轻贱谓为可弃,除荡既精,常为御用。如是,善男子,我以佛眼观诸众生,烦恼糠䆧覆蔽如来无量知见,故以方便如应说法,令除烦恼,净一切智,于诸世间为最正觉。

尔时世尊。以偈颂曰:

譬一切粳粮	皮䆧未除荡
贫者犹贱之	谓为可弃物
外虽似无用	内实不毁坏
除去皮䆧已	乃为王者膳
我见众生类	烦恼隐佛藏
为说除灭法	令得一切智
如我如来性	众生亦复然
开化令清净	速成无上道

【唐译】复次,善男子,譬如稻麦粟豆,所有精实为糠所裹,若不去糠,不堪食用。善男子,求食之人,若男若女,以其杵臼舂去其糠而充于食。如是如是,善男子,如来应供正遍知,以如来眼,观见一切有情具如来体,为烦恼皮之所包裹,若能悟解则成正觉,坚固安住自然之智。善男子,彼如来藏处在一切烦恼之中,如来为彼有情除烦恼皮,令其清净而成于佛,为说于法。常作是念。何时有情脱去一切烦恼藏皮,得成如来出现于世。

尔时世尊说伽他曰:

譬如稻谷与粟床	大小麦等及于豆
彼等为糠之所裹	是不堪任于所食
若能舂杵去于糠	于食种种而堪用
精实处糠而不堪	不怀有情为作利
我常观见诸有情	以烦恼裹如来智
我为除糠说妙法	愿令速悟证菩提
与我等法诸有情	住百烦恼而藏裹
为令净除我说法	何时速成诸佛身

【疏】这是以稻麦粟豆为皮壳所裹来作譬喻,依《宝性论》,这些皮谷喻

为痴烦恼(无明),因此释颂言:

> 譬如谷实等　外为皮壳裹
> 恰如内实性　为无明所蔽①

复有释颂言:

> 果实为壳掩　无人能得食
> 凡欲食其实　先须去皮壳
>
> 有情如来藏　为烦恼所杂
> 不离烦恼染　三界不成佛
>
> 米麦未去壳　食之无滋味
> 法王住烦恼　有情无法味②

此颂用"谷实"来譬喻"内实性",即是说如来藏是实性。然而这却不是他空见,他空是以如来藏为实体,是为实性则不落他空,因为他空见说不空的是体,而非说性。如来藏是智识双运界,佛的内自证智境当然是实性,因为我们不能说它无自性,但这个智境却一定不是实体,因为如来法身无个体可言,只是一个内自证智的境界。

因此唐译"以如来眼,观见一切有情具如来体,为烦恼皮之所包裹"。用如来体这个名相,是持他空见的译法。晋译只说"烦恼糠粞覆蔽如来无量知见",这便不是他空,如来无量知见即是如来智,说如来智便可以称之为实,因此便用谷实等作为譬喻。

唐译有"若能悟解则成正觉,坚固安住自然之智"句,这句为晋译所无,然而却有密意,即谓如来智是自然智。藏密无上瑜伽多说如来智是自然智,这个智是法尔,因此现证自然智便不是新得一个智,只是证入

---

① 谈锡永译:《宝性论梵本新译》,第一品,颂136。
② 同上书,颂105—107。

一个法尔的清净大平等智境。凡是说如来藏的经论都这样建立,因此转依便不是依一个新成的智,此有如由吃谷转成吃饭,饭的米粒并非新成,仍然是当初由谷壳包裹着的米粒。为了表达如来智并非新得,用谷实来譬喻,实在十分贴切。

【晋译】复次,善男子,譬如真金堕不净处,隐没不现,经历年载,真金不坏而莫能知。有天眼者语众人言:此不净中有真金宝,汝等出之随意受用。如是,善男子,不净处者无量烦恼是,真金宝者如来藏是,有天眼者谓如来是。是故如来广为说法,令诸众生除灭烦恼,悉成正觉,施作佛事。

尔时世尊以偈颂曰:

如金在不净　隐没莫能见
天眼者乃见　即以告众人

汝等若出之　洗涤令清净
随意而受用　亲属悉蒙庆

善逝眼如是　观诸众生类
烦恼淤泥中　如来性不坏

随应而说法　令办一切事
佛性烦恼覆　速除令清净

【唐译】复次,善男子,譬如臭秽诸恶积聚,或有丈夫怀挟金砖于傍而过,忽然误落坠于秽中,而是金宝沉没臭秽,或经十年、或二十年、或五十年、或百千年,处于粪秽,是其本体不坏不染,亦不于人能作利益。善男子,有天眼者见彼金砖在于臭秽,告余人言:丈夫汝往,于彼粪秽之中有金胜宝。其人闻已则便取之,得已净洗,随金所用。善男子,臭秽积聚者,是名种种烦恼及随烦恼,彼金砖者,是名不坏法,有天眼者,则是如来应正遍知。善男子,一切有情如来法性真实胜宝,没于烦恼臭秽之中,是故如来应正等觉,为于有情除诸烦恼臭秽不净,而说妙法,当令成佛,出现世间而作佛事。

尔时世尊说伽他曰:

譬如有人怀金砖　忽然误落于粪秽
彼处秽中多岁年　虽经久远而不坏

有天眼者而观见　告余人言此有金
汝取应洗随意用　如我所见诸有情

没烦恼秽流长夜　知彼烦恼为客尘
自性清净方便说　令证清净如来智

【疏】依《宝性论》，真金宝所在的不净处，譬喻为贪瞋痴烦恼，因此有颂言：

> 譬如厌不净　智观贪亦尔
> 增上诸烦恼　缠缚厌如秽①

这里说"智观贪亦尔"，只是举贪为例，实总说贪瞋痴烦恼的增上相，所谓增上，即是由贪瞋痴成就欲界果报。我们这个世间属于欲界，即由贪瞋痴的力用增上而成，因此便更有四颂言：

> 旅客失黄金　遗于粪秽中
> 黄金性不改　千百年如是
>
> 天人具天眼　见而告人曰
> 此中有宝金　待还清净相
>
> 如佛见有情　烦恼如粪秽
> 为除烦恼染　降法雨除垢
>
> 如天人见金　示人还彼净
> 佛见佛宝藏　示人以净法②

这四首偈颂，有两层密意，一者，如来藏是如来法身上具有识境随缘自显现，识境虽然不净（喻为粪秽），但如来法身不因识境的不净而受污染，此如黄金虽千百年处于粪秽之中，但金性不变；二者，识境的不净可以净除，如粪秽可以洗涤，因此，如来法身是法尔本住，烦恼不净则喻为客尘，污秽只是暂时积聚于黄金之上，故有"客尘"之名。

由这两层密意就知道"智识双运"的表义，智境不受识境所污染，如

---

① 谈锡永译：《宝性论梵本新译》，第一品，颂137。
② 同上书，颂108—111。

金不受粪秽污染，无有变异；识境恒时不异离智境，如粪秽未被清净，则恒时积聚于黄金之上。智境于识境无变异，识境于智境无异离，即是"双运"的意思。

这些意趣亦即是经文之所说。在经文中称如来法身为"不坏法"，不坏即是恒常。说如来法身恒常，不能说为"真常"，因为如来法身只是一个境界，并非一个个体，而说"真常"的人，则将"真常"归于个体。当这样做时，便会误会如来藏有如外道见，成立恒常的个体。经中所喻，亦只喻粪秽为不净的境界，并未成立任何不净的个体，或被粪秽不净所覆没的个体（参新疏）。

【晋译】复次,善男子,譬如贫家有珍宝藏,宝不能言我在于此,既不自知又无语者,不能开发此珍宝藏。一切众生亦复如是,如来知见、力、无所畏,大法宝藏在其身内,不闻不知耽惑五欲,轮转生死受苦无量,是故诸佛出兴于世,为开身内如来法藏。彼即信受净一切智,普为众生开如来藏。无碍辩才为大施主。如是,善男子,我以佛眼观诸众生有如来藏。故为诸菩萨而说此法。

尔时世尊以偈颂曰:

譬如贫人家　内有珍宝藏
主既不知见　宝又不能言

穷年抱愚冥　无有示语者
有宝而不知　故常致贫苦

佛眼观众生　虽流转五道
大宝在身内　常在不变易

如是观察已　而为众生说
令得智宝藏　大富兼广利

若信我所说　一切有宝藏
信勤方便行　疾成无上道

【唐译】复次,善男子,譬如贫穷丈夫,宅内地中有大伏藏,纵广正等一俱卢舍,满中盛金。其金下深七丈大量,以地覆故,其大金藏曾不有言语:彼丈夫丈夫我在于此,名大伏藏。彼贫丈夫心怀穷匮,愁忧苦恼,日夜思惟,于上往来,都不知觉,不闻不见彼大伏藏在于地中。如是如是,善男子,一切有情住于执取作意舍中,而有如来智慧、力、无所畏、诸佛法藏,于色声香味触耽着受苦,由此不闻大法宝藏,况有所获。若灭彼五欲则得清净。复次,善男子,如来出兴于世,于菩萨大众之中开示大法种种宝藏,彼胜解已,则便穿掘。入菩萨住如来应供正遍知,为世间法藏。见一切有情未曾有因相,是故譬喻,说大法藏为大施主,无碍辩才无量智慧、力、无所畏、不共佛法藏。如是,善男子,如来以清净眼,见一切有情具如来藏,是以为于菩萨宣说妙法。

尔时世尊说伽他曰:

譬如贫人家伏藏　金宝充满在于中
是彼不动不思惟　亦不自言是某物

> 彼人虽复为主宰　受于贫乏而不知
> 彼亦不说向余人　而受贫穷住苦恼
>
> 如是我以佛眼观　一切有情处穷匮
> 身中而有大伏藏　住诸佛体不动摇
>
> 见彼体为菩萨说　汝等穿斯大智藏
> 获得离贫作世尊　能施无上之法财
>
> 我皆所说而胜解　一切有情有伏藏
> 若能胜解而精勤　速疾证于最胜觉

【疏】地中宝藏譬喻为无明掩盖如来藏。依《宝性论》颂言:

> 譬如无知故　不见地中宝
> 不知自觉性　埋没无明土①

这里说的"无知"便即是无明,所以颂的末句说为"无明土",这里要注意的是颂的第三句"不知自觉性",对于有无本觉,诤论甚多,在这里说"自觉性",便是肯定本觉。所谓自觉性,即是本来具足,未成迷惑的觉受,更无他法增上,是故称之为"自"。

复有三颂云:

> 譬如贫家地深处　具有被掩无尽藏
> 贫人对此无所知　宝藏不能命彼掘
>
> 此如心中无垢藏　无穷尽且不思议
> 有情对此无所知　由是常受种种苦

---

① 谈锡永译:《宝性论梵本新译》,第一品,颂138。

> 贫者不知具宝藏　　宝藏不能告其在
> 有情心具法宝藏　　圣者方便令出世[①]

这里说"心中无垢藏",强调如来藏即在心中,只是为无明所掩,亦等于说,心性中具有本觉,只是为识境中的名言、句义所掩,由是心成为分别心,觉受亦成为迷惑的识觉。

经言"一切有情住于执取作意舍中,而有如来智慧、力、无所畏、诸佛法藏"。这里的密意是,一切有情的无明缘于"执取作意",心性恒时执取作意,即等于人困于执取作意的房子里。

作意有三种:闻所成、思所成、生所得。世间一切名言与句义都由闻、思、生三者所成,由是成为迷乱,因为迷,所以便不能觉。阿罗汉所摄烦恼能生起无漏诸业,成就无垢意生身,此亦为无明住地所摄的烦恼,主要为闻所成、思所成。因此亦须要用如来觉智来断除,否则便住于无漏诸业中,不能涅槃,所以阿罗汉的无明,即为作意所成。

在这段经文,等如说出迷乱因,由迷乱而成无明,由是知,求本觉显露,须除灭迷乱,所以在菩萨乘中,强调观修时要离作意。

这段经文所喻亦与观修有关。

[①] 谈锡永译:《宝性论梵本新译》,第一品,颂112—114。

【晋译】复次,善男子,譬如庵罗果内实不坏,种之于地成大树王。如是,善男子。我以佛眼观诸众生,如来宝藏在无明壳,犹如果种在于核内。善男子,彼如来藏清凉无热,大智慧聚妙寂泥洹,名为如来应供等正觉。善男子,如来如是观众生已,为菩萨摩诃萨净佛智,故显现此义。

尔时世尊以偈颂曰:

譬如庵罗果　内实不毁坏
种之于大地　必成大树王

如来无漏眼　观一切众生
身内如来藏　如花果中实

无明覆佛藏　汝等应信知
三昧智具足　一切无能坏

是故我说法　开彼如来藏
疾成无上道　如果成树王

【唐译】复次,善男子,譬如藤子、多罗子、赡部果子、阿摩罗果子,由其子芽展转相生成不坏法。若遇地缘种植,于其久后成大树王。如是如是,善男子,如来以如来眼,见一切有情欲、瞋、痴、贪、无明、烦恼,乃至皮肤边际,彼欲、瞋、痴、无明、烦恼藏中有如来藏性,以此名为有性。若能止息,名为清凉,则名涅槃。若能净除无明烦恼是有情界,是则名为大智聚体,彼之有情名大智聚,若佛出现于天世间说微妙法,若见此者则名如来。善男子,若彼见如来应正等觉,令诸菩萨摩诃萨,咸皆悟解如来智慧,令显现故。

尔时世尊说伽他曰:

譬如藤子之中树　藤芽一切而可得
于根赡部咸皆有　由其种植复得生

如是我见悉无余　一切有情喻藤子
无漏最胜佛眼观　是中备有如来体

不坏是藏名有情　于中有智而不异
安住在定处寂静　亦不动摇无所得

为彼净故我说法　云何此等成正觉
犹如种子成大树　当为世间之所依

【疏】由本段经文开始,说菩萨乘观修所断的烦恼。依《宝性论》,说这是见道所断的烦恼,说言:

> 譬如芽渐长　突离种子壳
> 见道断烦恼　而见于真实①

复说诸烦恼如果壳,如来性则如种芽,有三偈言:

> 譬如庵摩罗果等　其种恒具发芽力
> 若予土壤及水等　即能渐长成为树
>
> 如是清净法本性　有情无明如种核
> 若以功德作诸缘　即能渐成胜利王
>
> 水土阳光时空等　种芽具缘发成树
> 有情烦恼壳所掩　佛芽缘具成法树②

有情由迷惑故,将一切法成立为"有"性,初地菩萨以前,此"有"性未能清净,当清净时即名为"清凉",由是入初欢喜地,此即本段经文所说的意旨。

在这里,不可以将果核能发芽,说是"因中有果"为外道见。在此只说果核有发芽的功能,这是事实,并未说果核为因,本来具有芽这个果。若断章取义,随意牵合,那便会将如来藏看成是外道见,如是即成谤佛。

还须留意,这里虽然说如来藏,但并未离缘起,所以说"若遇地缘种植";《宝性论》亦说"水土阳光时空等,种芽具缘发成树"。由此可见如来藏思想并不否定缘起,若以为如来藏是一个"场所",于中生起一切法,那只是根据个人的理解来定义如来藏,并非如来藏的本义。如来法身上有一切识境随缘自显现,并不以如来法身作为场所,因为如来法身

---

① 谈锡永译:《宝性论梵本新译》,第一品,颂139。
② 同上书,颂115—117。

只是一个境界,并非实体。

如来法身是诸佛内自证智境界,所以晋译说"三昧智具足,一切无能坏";唐译说"若能净除无明烦恼是有情界,是则名为大智聚体"。这都是强调为智境,并非个体,这就当然不是一个场所。有时候,我们将这智境称之为"基",亦并不是将"基"当成是场所,只是用"基"这个名言,来表达如来法身含藏一切识境世间。

在这里,经文即是说,欲登初地,须断无明。无明如果实壳,初地如发芽。

【晋译】复次,善男子,譬如有人持真金像,行诣他国,经由险路惧遭劫夺,裹以弊物,令无识者。此人于道,忽便命终。于是金像弃捐旷野,行人践蹈咸谓不净,得天眼者,见弊物中有真金像,即为出之,一切礼敬。如是,善男子,我见众生种种烦恼,长夜流转生死无量,如来妙藏在其身内,俨然清净,如我无异。是故佛为众生说法,断除烦恼,净如来智,转复化导一切世间。

尔时世尊以偈颂曰:

譬人持金像　行诣于他国
裹以弊秽物　弃之在旷野

天眼者见之　即以告众人
去秽现真像　一切大欢喜

我天眼亦然　观彼众生类
恶业烦恼缠　生死备众苦

又见彼众生　无明尘垢中
如来性不动　无能毁坏者

佛既见如是　为诸菩萨说
烦恼众恶业　覆弊最胜身

【唐译】复次,善男子,譬如贫人,以一切宝作如来像,长可肘量,是贫丈夫欲将宝像经过险路,恐其盗劫,即取臭秽故破弊帛,以缠其像,不令人测。善男子,是贫丈夫在于旷野,忽然命终,如来宝像在于臭秽弊恶帛中,弃掷于地,流转旷野,行路之人往来过去践踏跳蓦,不知中有如来形象,由彼裹在臭秽帛中,弃之在地,而皆厌恶,岂生佛想。是时居住旷野诸天以天眼见,即告行路余人而言:汝等丈夫,此秽帛中有如来像,应当速解,一切世间宜应礼敬。如是如是,善男子,如来以如来眼,见一切有情,如彼臭秽故帛烦恼,长于生死险道旷野之所流转,受于无量傍生之身,彼一切有情烦恼臭秽故弊帛中,有如来体如我无异,如来为解烦恼秽帛所缠裹故,为诸菩萨而说妙法,云何得净如来智见,去离烦恼,得一切世间之所礼故,犹如于我。

尔时世尊说伽他曰:

譬如秽帛令厌恶　缠裹彼之如来体
宝像秽帛之所缠　弃于旷野险恶处

当勤净除断　显出如来智　　诸天天眼而见已　即告行路余人言
天人龙鬼神　一切所归仰　　宝像在彼臭帛中　应当速解而恭敬

　　　　　　　　　　　　　我以天眼如是见　我观一切诸有情
　　　　　　　　　　　　　被烦恼帛之所缠　极受忧恼生死苦

　　　　　　　　　　　　　我见烦恼秽帛中　结跏趺坐如来体
　　　　　　　　　　　　　安住寂然不倾动　皆无所有解脱者

　　　　　　　　　　　　　为见彼已而惊悟　汝等谛听住胜觉
　　　　　　　　　　　　　一切有情法如是　于怖畏中常有佛

　　　　　　　　　　　　　即解彼已现佛身　彼时一切烦恼静
　　　　　　　　　　　　　是故号名于如来　人天欢喜而供养

【疏】依《宝性论》，此处是说修道所断烦恼，有颂言：

　　　　随逐圣道上　虽已断身见
　　　　修道智断者　喻为破败衣①

比喻烦恼为破败衣，是喻为不净，但这不净已比前说诸喻的不净较轻，所以又有三颂说：

　　　　譬如宝石造佛像　为破臭衣所遮盖
　　　　天眼见此在路旁　乃为旅人作指引

　　　　无障碍眼见佛身　纵使畜生亦具足
　　　　种种烦恼垢掩盖　故施方便解脱彼

---

① 谈锡永译：《宝性论梵本新译》，第一品，颂140。

路旁宝像朽衣掩　　天眼见已示凡夫
　　轮回道上烦恼掩　　佛说法令性显露①

　　破败衣只是掩盖宝石佛像,并不如泥中莲、蜂巢中蜜,以至果核那样的深藏。所以是修道菩萨的不净。修道菩萨二至七地为不净地,八至十地为清净地,这里说的是总义,二至十地菩萨都包括在里面。

　　在释颂中,因经文说及有情可"受于无量傍生之身",所以便突出地说"纵使畜生亦具足"佛身,因为在菩萨地中,天龙八部都可以成菩萨,如今说法的人,说言成佛毕竟只在人间,那就不能不否定如来藏,因为这个说法失去大平等性,而清净大平等性则恰恰是如来藏的自性。倘若如其所言,则天龙八部绝对不能成佛,实在违反经教。尤其是密乘的菩萨,凡名为"金刚"者,多是夜叉族,认为只有人才能成佛,那便不能不反对密乘,他们不知道,密乘观修是依瑜伽行中观,若否定密乘,便有如否定了瑜伽行的弥勒、无著,同时亦否定了中观师龙树,因此问题实在很大。如今遗憾的是,这说法竟然成为流行的观点,受影响的不只密乘,连华严、天台两宗,以至深密的禅宗、广大的净土宗,都受到动摇,主张"批判佛教"的人,要将这些宗派打倒,那便是现代人喜欢出位的缘故,不理解诸宗经论,已经违反了闻法与思法,再提倡打倒,反而可以成为国师、大师,那真是可悲的现象。

　　如来藏的大平等性,是周遍一切界平等,用现代的语言来说,那就是任何时空的世间、有情都一律平等。为什么呢?因为一切时空的情器世间都依如来法身功德而成立,这如来法身功德有两种,一共一不共:一、现分,此为共,可以理解为周遍一切界的生机;二、明分,此为不共,可以理解为周遍一切界的了别相。没有现分,世间便没有生机,由是不能成立,但既有现分,则一切有情自然都平等具有,

---

①　谈锡永译:《宝性论梵本新译》,第一品,颂118—120。

所以在我们这个世间,除人之外,还有许多生命形态;没有明分,则生命个体无从区别,所以一切形象,都可以称为"明相",即是可以区别的相。

因此唐译颂言:"一切有情法如是,于怖畏中常有佛"(新译为:"有情本性常如是,具烦恼裹胜智佛"),是即强调清净大平等性。

【晋译】复次，善男子，譬如女人贫贱丑陋，众人所恶而怀贵子，当为圣王王四天下。此人不知经历时节，常作下劣生贱子想。如是善男子，如来观察一切众生，轮转生死受诸苦毒，其身皆有如来宝藏，如彼女人而不觉知，是故如来普为说法，言：善男子，莫自轻鄙，汝等自身皆有佛性，若勤精进灭众过恶，则受菩萨及世尊号，化导济度无量众生。

　　尔时世尊以偈颂曰：

譬如贫女人　色貌甚庸陋
而怀贵相子　当为转轮王

七宝备众德　王有四天下
而彼不能知　常作下劣想

我观诸众生　婴苦亦如是
身怀如来藏　而不自觉知

是故告菩萨　慎勿自轻鄙
汝身如来藏　常有济世明

若勤修精进　不久坐道场
成最正觉道　度脱无量众

【唐译】复次，善男子，或有孤独女人，恶形臭秽、容貌丑陋如毕舍支，人所见者厌恶恐怖，止于下劣弊恶之家，偶然交通，腹中怀妊，决定是为转轮王胎。然彼女人虽复怀妊，亦曾无有如是思念，唯怀贫匮下劣之心，由心羸劣，常作是念：我形丑陋，寄于下劣弊恶之家而过时日，亦不足知是何人类生于我腹。如是，如是。善男子，一切有情无主无依，生三有中，寄于下劣弊恶之舍，为生死苦之所逼迫，然一一有情有如来界具如来藏，是彼有情不觉不知。善男子，如来不令一切有情而自欺诳。佛为说法：善男子，汝等莫自欺诳，发大坚固精进之心，汝等身中皆有佛体，于其后时毕成正觉。汝今已入于菩萨数，即非凡夫，久后亦堕于如来数，即非菩萨。

　　尔时，世尊说伽他曰：

譬如妇人无依主　形容丑恶令厌怖
寄于弊恶下劣家　或时而有王胎孕

彼怀如是之胎孕　决定是为转轮王
其王威德七宝围　统领四洲为主宰

彼愚丑女曾不知　于己腹中有如是
在于贱贫弊恶舍　怀贫穷苦心忧恼

我见一切诸有情　无主受于穷迫苦
在于三界中耽乐　身中法藏如胎藏

如是见已告菩萨　一切有情具法性
胎中世利有光明　应生恭敬勿欺诳

发坚精进以修持　不久自身成作佛
不久当坐菩提场　解脱无量俱胝众

【疏】依《宝性论》，这是譬喻修道中不净地菩萨所断烦恼，颂言：

前七地诸垢　如藏之污垢
唯无分别智　长养藏离覆①

这是强调无分别智，唯无分别智才能长养如来藏、离覆垢，颂言"长养藏离覆"。

一切情器世间都具足如来法身功德，所以一切法平等，由是成立无分别，由无分别才能证菩提（证觉）。在前面一段经文中，已经说大平等性，因为在修道上，菩萨已住入法性，复须由住法性而观修至法性自解脱，这时便须悟入大平等性，否则便不能从法性中解脱，那便永远住在菩萨地上，甚至住二地者不能超越至三地，住三地者不能超越至四地，如是等等。所以当说二至七地等不净地菩萨时，便强调无分别智，由无分别智才能断除这些地上菩萨的烦恼。

不认识大平等性，便有如喻中所说的贫丑女，因下劣想，不知所怀

---

① 谈锡永译：《宝性论梵本新译》，第一品，颂141。

是转轮王胎,所以唐译说:"一切有情无主无依,生三有中,寄于下劣弊恶之舍"。此即喻菩萨因怖畏而不敢作成佛想,所以经言:"善男子,汝等莫自欺诳,发大坚固精进之心,汝等身中皆有佛体,于其后时毕成正觉。"这就是令不净地上菩萨,虽生于三有中,亦自能珍重,毕竟成佛。

是故《宝性论》复有三颂言:

譬如贫丑无助妇　　无依唯住孤独舍
腹中虽怀王者胎　　不知轮王在腹内

轮回如住孤独舍　　不净有情如孕妇
无垢性虽堪作护　　却似轮王处腹内

臭衣丑妇住孤独　　轮王在胎亦大苦
有情烦恼住苦舍　　虽有依护仍无助①

这就是说,住在轮回界的有情,有如住在孤独舍,所以怀有轮王胎亦不自知,因为不敢承当自己所怀的是转轮王,那便失去无垢性的依怙,此即如轮回界的有情不敢承当作佛,更不敢承当一切有情都本具佛性。若知大平等性,敢于承当,则能悟入无垢性。

所谓悟入无垢性,那便是超越识境的能取所取分别,住入智识双运界,由是知一切法无垢无净,所谓垢净皆由二取而成,当二取落于名言句义时,即成分别,由是便说为垢为净,若离能取所取,则自然断除分别,悟入大平等性。那便是晋译颂中所说:"是故告菩萨,慎勿自轻鄙,汝身如来藏,常有济世明。"亦是唐译颂中所说:"如是见已告菩萨,一切有情具法性,胎中世利有光明,应生恭敬勿欺诳,发坚精进以修持,不久自身成作佛。"

---

① 谈锡永译:《宝性论梵本新译》,第一品,颂121—123。

【晋译】 复次，善男子，譬如铸师铸真金像，既铸成已，倒置于地，外虽焦黑，内像不变，开摸出像，金色晃曜。如是，善男子，如来观察一切众生，佛藏在身，众相具足，如是观已，广为显说。彼诸众生得息清凉，以金刚慧搥破烦恼，开净佛身，如出金像。

尔时，世尊以偈颂曰：

譬如大冶铸　无量真金像
愚者自外观　但见焦黑土

铸师量已冷　开摸令质现
众秽既已除　相好画然显

我以佛眼观　众生类如是
烦恼淤泥中　皆有如来性

授以金刚慧　搥破烦恼摸
开发如来藏　如真金显现

如我所观察　示语诸菩萨
汝等善受持　转化诸群生

【唐译】 复次，善男子，譬如以蜡作模，或作马形、象形、男形、女形，泥裹其上而用火炙，销炼真金铸于模内。候其冷已，是其工匠将归舍宅，其模外为黑泥覆弊，形状燋恶内有金像，或工匠及工匠弟子，知其模冷，即坏其泥，既净持已，于须臾顷，是金宝像则便清净。如是，如是，善男子，如来以如来眼观见一切有情，如金像模，外为烦恼泥所覆裹，于内虚冲满有佛法无漏智宝。善男子，我今观见一切有情悉皆如是，在菩萨众而说妙法，若菩萨摩诃萨，若得寂静清凉。如来为彼有情，以金刚器仗净其法眼，除其烦恼及随烦恼。为净如来智宝藏故，善男子，如来犹如持宝像者，善男子，而破彼色及随烦恼，令得解脱，是名如来。善男子，如来应正等觉，见一切有情如来藏，为无边俱胝烦恼藏中之所沉没，为彼有情破烦恼藏，于佛智见安立无上正等菩提。

尔时，世尊说伽他曰：

譬如外色泥作模　于内空虚无所有
销炼真金满铸泻　其数或百或一千

　　　　　　　　工匠之人知冷已　　则破其泥现于像
　　　　　　　　泥除则净其宝像　　匠意琱琢皆成就

　　　　　　　　我见一切诸有情　　犹如金像在泥模
　　　　　　　　烦恼于外而盖覆　　如来之智处于内

　　　　　　　　若得寂静及清凉　　前际清净智菩萨
　　　　　　　　以法器仗而捶击　　烦恼由斯悉摧坏

　　　　　　　　所有如来之佛子　　犹如金像令可爱
　　　　　　　　常得天世人供养　　圆满身相具十力

　　　　　　　　我见一切诸有情　　如是清净成善逝
　　　　　　　　成就善逝成佛眼　　满足无上萨婆若

【疏】泥模中有金像，《宝性论》说，喻为净地菩萨为烦恼所覆，颂云：

　　　　　　　后三地诸垢　　知彼如泥模
　　　　　　　以金刚喻定　　圣者能除垢①

后三地即是八至十地。复有颂言：

　　　　　　如人熔金铸金像　　金注于内泥覆外
　　　　　　当其量金已冷时　　去外覆泥令金净

　　　　　　得证最胜菩提者　　常见有情心本性
　　　　　　光辉而受客尘染　　除障即如开宝藏

――――――――――――

① 谈锡永译：《宝性论梵本新译》，第一品，颂142。

> 闪光金像受泥掩　　待冷善巧除其泥
> 一切智知心寂静　　说如椎法除其障①

这里的金像,仍然是比喻一切有情都具足的佛性,所以说"常见有情心本性"。

唐译说"以金刚器仗净其法眼,除其烦恼及随烦恼";晋译则说"以金刚慧搥破烦恼",所说都是"金刚",亦即净地菩萨须用"金刚"来破地上烦恼。关于"金刚",一般说为"不动",这说法亦很合理,因为净地菩萨即是由第八不动地至第十法云地的菩萨。由第八地起,菩萨即不退转,可以示现为种种身,作种种行,如善财童子访参的菩萨,即有示现为妓女、恶王、外道婆罗门等种种不清净身,但菩萨法身其实并无退转,不因为他示现不净行而退转为不净。

但若按密义,喻为虚空的如来法身则具有七种金刚性,一世敦珠法王摧魔洲尊者的《无修佛道》中说:

> 虚空既不能损其分毫,是故无瑕;既不能克制之或摧毁之,是故无坏;既住而成世间一切明相展现之根基,是故无虚;既不受过失或功德所变,是故无染;既离变易,是故无动;既能遍入最极微尘聚,是故无碍;既无有能灭之者,故虚空为无能胜。②

如来法身连同如来法身功德(喻为虚空及虚空的力用),具有:无瑕、无坏、无虚、无染、无动、无碍、无能胜七种金刚性,此中无瑕、无坏、无染、无动是法身的自性;无虚、无碍是法身功德的自性;无能胜则为如来法身及其功德都具足的自性。如来法身唯是智境,藉如来法身功德则可成识境,二者恒时双运,因此这七种金刚性亦实在不能互相异离。

因此说用"金刚慧"或"金刚器仗"来除净地上的烦恼,实即由悟入如来法身与法身功德双运的智来除烦恼,亦即说为由悟入智识双运而除烦恼。

---

① 谈锡永译:《宝性论梵本新译》,第一品,颂124—126。
② 依谈锡永译。参《现证自性大圆满本来面目教授——无修佛道》,台北:全佛文化,2009年。

【晋译】尔时,世尊告金刚慧菩萨摩诃萨:若出家、若在家,善男子、善女人,受持、读诵、书写、供养,广为人说如来藏经,所获功德不可计量。金刚慧,若有菩萨为佛道故,勤行精进修习神通,入诸三昧,欲殖德本,供养过恒河沙现在诸佛,造过恒河沙七宝台阁,高十由旬,纵广正等各一由旬,设七宝床,敷以天缯,为一一佛日日造立过恒河沙七宝台阁,以用奉献一一如来及诸菩萨声闻大众,以如是事普为一切过恒河沙现在诸佛,如是次第,乃至过五十恒沙众宝台阁,以用供养过五十恒沙现在诸佛及诸菩萨声闻大众,乃至无量百千万劫。金刚慧,不如有人乐喜菩提,于如来藏经受持、读诵、书写、供养,乃至一譬喻者,金刚慧,此善男子,于诸佛所种诸善根福虽无量,比善男子善女人所得功德,百分不及一、千分不及一,乃至算数譬喻所不能及。

【唐译】佛告金刚慧菩萨言:善子,若在家出家善男子善女人,于此如来藏经典法要,受持、读诵、书写经卷、为他广说,得福无量。或有善男子善女人或余菩萨,为于积集如来智故,精勤供养一切如来,于一一世界,成就如是色三摩地,由此色三摩地威力,过恒河沙诸佛世界,过恒沙数俱胝那庾多现在诸佛,于一一佛所供养承事,并及菩萨声闻僧众,如是乃至过五十恒河沙诸佛世尊,当于和畅安乐之时,各送百千珍妙楼阁,一一量高十踰缮那,纵广正等一踰缮那,如是一切以宝成天妙香器,散种种花,成办种种受用之具,日日如是,乃至千劫,金刚慧,若苾刍、苾刍尼、邬波索迦、邬波斯迦,发菩提心于此如来藏经,取其一喻,或在于身,或在经卷,金刚慧,以此福业与前福业,如来安立百分迦罗分,千分百千分俱胝分,俱胝百分,俱胝千分,俱胝百千分,俱胝那庾多百千分,不及于此迦罗一分,乃至算数譬喻所不能及。金刚慧,若有善男子善女人,求无上菩提者,于彼诸佛世尊并及菩萨声闻大众,取曼陀罗花百千斛,日日供养,复满千劫,金刚慧,若余苾刍、苾刍尼、邬波索迦、邬波斯迦,发菩提心闻此如来藏经法要,乃至合掌礼敬作随喜语,金刚慧,以此胜福善根,与前善根献花功德,如来安立比前功德,百分迦罗分千分无数分,不如一分。

【晋译】尔时,世尊重说偈言: 　　【唐译】尔时,世尊说伽他曰:

若人求菩提　闻持此经者
书写而供养　乃至于一偈

或有乐求菩提者　闻此经典而受持
乃至书写于经卷　若能恭敬于一偈

如来微妙藏　须臾发随喜
当听此正教　功德无有量

应听彼福而无量　发生无量福德藏
得闻如来之藏经　若能求胜菩提行

若人求菩提　住大神通力
欲供十方佛　菩萨声闻众

以神通力住上乘　供养恭敬人中尊
并及十方声闻众　乃至满足于千劫

其数过恒沙　亿载不思议
为一一诸佛　造立妙宝台

多千劫数如恒沙　超于彼数不思议
一一世间行无量　纯以宝作妙楼阁

台高十由旬　纵广四十里
中施七宝座　严饰备众妙

其量高十踰缮那　纵广有一踰缮那
涂香烧香而供养　于中七宝微妙座

敷以天缯褥　随座各殊异
无量过恒沙　献佛及大众

以妙缯彩敷其上　及余妙座皆敷设
其数犹如恒河沙　一一供养于诸佛

悉以此奉献　日夜不休息
满百千万劫　所获福如是

一一送彼如来所　所有刹中诸如来
其数犹如恒河沙　悉皆供养而承事

慧者闻此经　能持一譬喻
而为人解说　其福过于彼

若有智者闻此经　取于一喻而正行
若能受持及读诵　此福超过前福聚

乃至于算数　譬喻所不及
众生之所依　速成无上道

有情归依于此经　疾证于彼无上觉
此如来藏相应法　若智菩萨能思惟

菩萨谛思惟　甚深如来藏

一切有情胜法性　速疾觉悟自然智

知众生悉有　疾成无上道

【疏】此段为校量功德,说"于如来藏经受持、读诵、书写、供养,乃至一譬喻者",所获功德不可计量。

释迦说大乘经至后分时,多校量功德,但说般若系列经典的校量,与说如来藏系列经典的校量,显然有所不同,如于《放光般若经》,其校量只有一句:"阿难,是般若波罗蜜,若有书持、讽诵、念守、习行、解说其义,供养经卷,复教他人书持、讽诵,广为说者,当知是人常与佛俱不离诸佛。"

又如《摩诃般若波罗蜜经》,其校量只是:"阿难,若有书般若波罗蜜,受持、读诵、正忆念,为人广说,恭敬、尊重、赞叹、华香、幡盖、宝衣、灯、烛,种种供养。"

但当校量不二法门系列与及如来藏系列经典时,便强调长时广供养诸佛的功德,不及传播这些经典的功德,由此可见对这些经典的珍重,因为这些经典含有佛的密意,并不是用法异门来说法。

宝瓶

【晋译】尔时世尊,复告金刚慧菩萨言:过去久远无量无边,不可思议阿僧祇劫,复过是数,尔时有佛,号常放光明王如来、应供、等正觉、明行足、善逝、世间解、无上士、调御丈夫、天人师、佛、世尊,金刚慧,何故名曰常放光明王,彼佛本行菩萨道时,降神母胎,常放光明,彻照十方千佛世界微尘等刹,若有众生见斯光者,一切欢喜,烦恼悉灭,色力具足,念智成就,得无碍辩。

若地狱、饿鬼、畜生、阎罗王、阿修罗等见光明者,皆离恶道生天人中。

若诸天人见光明者,于无上道得不退转,具五神通。

若不退转者,皆得无生法忍五十功德旋陀罗尼。

金刚慧,彼光明所照国土,皆悉严净如天琉璃,黄金为绳以界八道,种种宝树花果茂盛香气芬馨,微风吹动出微妙音,演畅三宝菩萨功德、根、力、觉道、禅定解脱,众生闻者皆得法喜,信乐坚固,永离恶道。金刚慧,彼十方刹一切众生,蒙光明故,昼夜六时合掌恭敬。

金刚慧,彼菩萨处胎出生,乃至成佛,无余泥洹,常放光明。般泥洹

【唐译】佛告金刚慧:以此得知如是法门,于诸菩萨摩诃萨成多利益,能引萨婆若智。金刚慧,我念过去无量无数广大不思议无量不可说劫,从此以后,当于是时有佛,名常放光明如来、应、正等觉、明行圆满、善逝、世间解、调御士、无上丈夫、天人师、佛、婆伽梵。金刚慧,以何因缘彼佛世尊,名常放光明,金刚慧,彼佛世尊常放光明,如来、应、正等觉为菩萨时,在母胎中,以身光明透彻于外,普照东方十佛刹土微尘等百千世界。如是照已,乃至南、西、北方四维上下,各十佛刹微尘等百千世界,普皆照曜。

金刚慧,彼诸世界,由于菩萨在母胎中身光普照,而是光明,令人适悦,发生欢喜。金刚慧,由彼菩萨身光照故,微尘数百千世界,是中有情为光照触,获大威德,色相具足,具念、具慧、具行、具智、具于辩才。

是彼诸世界中一切有情,堕于地狱、傍生、阎魔罗界、阿苏罗趣者,由彼菩萨身光明照,光才触已,一切皆舍恶趣之身,生于人天。

是彼诸世界所有人天,由于菩萨身光照触,皆于无上菩提得不退转,获五神通。是彼诸世界所有不退转菩萨,以彼菩萨身光照触,光才触已,

后,舍利塔庙亦常放光。以是因缘,诸天世人,号曰常放光明王。金刚慧,常放光明王如来、应供等正觉,初成佛时,于其法中有一菩萨名无边光,与二十亿菩萨以为眷属,无边光菩萨摩诃萨于彼佛所,问如来藏经,佛为演说。在于一坐,经五十大劫,护念一切诸菩萨故,其音普告十佛世界微尘等百千佛刹,为诸菩萨无数因缘百千譬喻,说如来藏大乘经典。诸菩萨等,闻说此经,受持、读诵、如说修行,除四菩萨,皆已成佛。金刚慧,汝莫异观,彼无边光菩萨岂异人乎,即我身是。彼四菩萨未成佛者,文殊师利、观世音、大势至、汝金刚慧是,金刚慧,如来藏经能大饶益,若有闻者皆成佛道。

尔时,世尊重说偈曰:

| 过去无数劫 | 佛号光明王 |
| 常放大光明 | 普照无量土 |

| 无边光菩萨 | 于佛初成道 |
| 而启问此经 | 佛即为演说 |

| 其有遇最胜 | 而闻此经者 |
| 皆已得成佛 | 唯除四菩萨 |

| 文殊观世音 | 大势金刚慧 |

悉皆成就无生法忍,各各获得名五百功德转陀罗尼。

如是微尘百千世界,由彼菩萨身光明,照ას吠瑠璃,黄金为绳以界八道,一切宝树八行布列,花果庄严,色香殊异。是诸宝树香风摇击,从其树出和雅悦意微妙之声,所谓佛声、法声、僧声、菩萨声、菩提声、根、力、觉分解脱等持等至之声。由宝树声,彼微尘数百千界中一切有情,悉皆获得法喜禅悦。是诸世界中所有一切有情,远离地狱、傍生、阎魔罗界、阿苏罗趣。

是彼菩萨在母腹中,光明如月,合掌而住,昼夜六时常放光明,乃至诞生。金刚慧,是彼菩萨,亦初生已便成正觉,彼佛世尊既成佛已,而于身中常放光明,乃至般涅槃时常放光明。彼佛世尊般涅槃后,所有舍利置于塔中,常放光明。金刚慧,以是因缘,彼时人天号彼世尊,名为常放光明如来。

复次金刚慧,彼佛世尊常放光明,如来住世之时,有一菩萨名无量光,与二十俱胝菩萨以为眷属。是时无量光菩萨,于彼常放光明如来、应、正等觉,已曾问此如来藏法门。金刚慧,是彼常放光明如来、应、正遍知,于五百劫不起于座,广宣说此如来藏经,以种种句于法了别,无碍辩才,百千譬喻,哀愍摄受彼菩萨故。是故广演此如来藏甚深法要,于彼十方各十佛刹微尘数俱胝百千世界中,菩萨以小功力而皆警觉。金刚慧,彼中菩萨闻此如来藏经,乃至得闻此经名号,一切渐次善根成熟已。成熟已,各于异国而成正觉。除四菩萨摩诃萨不取菩提,金刚慧,勿生异念,当彼之时,无量光菩萨岂异人乎,即汝身是。何以故,汝金刚慧于彼,往昔为菩萨时名无量光。金刚慧,彼佛世时,其四菩萨不取菩提者,所谓曼殊室利菩萨、得大势菩萨、观自在菩萨,则汝金刚慧是为第四。金刚慧,如是大利益如来藏法要,菩萨摩诃萨由闻此故,佛智成就。

尔时,世尊说伽他曰:

此四菩萨等	皆曾闻此法
金刚慧为彼	第一神通子
时号无边光	已曾闻此经
我本求道时	师子幢佛所
亦曾受斯经	如闻说修行
我因此善根	疾得成佛道
是故诸菩萨	应持说此经
闻已如说行	得佛如我今
若持此经者	当礼如世尊
若得此经者	是名佛法主
则为世间护	诸佛之所叹
是为世间眼	应赞如世尊
昔常放光明世尊	过去之世无量劫
以身常放大光明	照曜俱胝百千界
初成无上正觉已	彼时无量光菩萨
问彼世尊此法王	如是经典彼时说
当彼佛时闻此经	从于彼佛而闻已
悉皆获得胜菩提	唯除于此四菩萨

得大势及观自在　曼殊室利为第三
第四即汝金刚慧　当于是时闻此经

昔时无量光菩萨　即是于汝金刚慧
当于彼时为佛子　我曾于先行胜行

闻此妙经之名号　从师子㦽如来所
恭敬合掌闻此经　我昔由此善根业

速得最胜菩提位　是故智者持此经

【疏】如来藏具三种自性：一、法身自性；二、真如自性；三、种性自性。

在如来藏九喻中，法身自性喻为佛像、蜂蜜、果实；真如自性喻为粪秽中黄金；种性自性喻为宝藏、果壳、宝像、转轮王及金像。所以《宝性论》说九喻后，用一颂总结：

贪等九种垢　喻如萎莲等
如来藏三性　喻之如佛等①

在本段经文中说"常放光明如来"，恒时以光明普度众生——在母胎时以至成佛时，皆以身光明照触世间。于母胎时已能由身光明令世间成为净土，黄金为绳，八行宝树，由树出和雅悦意微妙之声，令"彼微尘数百千界中一切有情，悉皆获得法喜禅悦"。初生便成正觉，于五百劫广说如来藏经，诸菩萨问经，亦皆成佛，唯有四菩萨不取菩提，是名文殊师利菩萨、大势至菩萨、观世音菩萨，以及本经的问法者金刚慧菩萨。

经中说这段本事，即是说如来藏光明，可以令情器世间得清净、令入菩萨道者得成佛、令恶趣众生得生善趣。四位不取菩提的菩萨，并不

---

① 谈锡永译：《宝性论梵本新译》，第一品，颂143。

是不能成佛，只是不愿成佛，以菩萨身在世间弘扬佛的教法。

常放光明如来的光明，当然喻为如来藏光明，亦即喻为如来藏的三种自性，文殊师利和金刚慧，代表法身自性；观世音代表真如自性；大势至代表种性自性。

文殊师利说不二法门，不二即是法身；观世音表义为大悲，大悲即是真如显现的功德；大势至表义如来功德的力用，是即如来种性的力用。

因此，这段经文实在与如来藏的三自性关合。须要注意的是，说如来藏有三种自性，并非对如来藏有所增上，只是想说明"心清净"的因。凡夫只见心性，因此一切作意都依阿赖耶识边，若转过头来，依如来藏三自性，便能见到"心性"的真实是"心法性"，由是知心性是种性自性，具足法身自性（智境），同时能现证真如（识境）。

若能依此三种自性来理解如来藏，便不会将如来藏看成是外道的"真常"，亦不会说如来藏脱离缘起，违反空性。如来藏系列经典是了义经，凡了义经必须依其密义来理解，若不明密义，只按言说来猜度，而且还断章取义，那便会诽谤这系列经典，令佛究竟法毁灭。

【晋译】尔时，世尊说此经已，金刚慧及诸菩萨四众眷属，天人乾闼婆阿修罗等，闻佛所说，欢喜奉行。

【唐译】尔时，世尊复告金刚慧菩萨言：若善男子善女人，被于业障之所缠缚，得闻此如来藏经，受持、读诵、为他敷演，由彼闻此经典读诵、受持、讽诵、敷演、书写经卷，以小勤劳，业障销灭，佛法现前。尔时，具寿庆喜白佛言：世尊，若有善男子善女人，缠缚业障，彼得几佛世尊加持说法，获得多闻，得与如是法要相应。佛言：庆喜，若善男子善女人，于百佛所得加持说法，或有二百或三四五百，或千或二千，或三四五六七八九，或十千佛所加持说法，或有二百千，或有俱胝那庾多百千佛，所得说法闻持，庆喜，若有菩萨得此如来藏法，书写经卷、读诵、受持、思惟其义、为他广说，而彼菩萨应作是念：我今获得无上菩提，其人应受人天阿苏罗供养恭敬。佛说是已，唯然欢喜，尔时，世尊复说伽他曰：

菩萨闻此修多罗　作是思惟获胜觉
若有人手得此经　人天礼拜应恭敬

诸佛世尊大导师　称赞彼人人中最
亦名最胜之法王　若经入于彼人手

是人照曜如满月　应受礼敬如世尊
能持法炬为世雄　由入此经于彼手

　　尔时,世尊说是经已,金刚慧菩萨摩诃萨等,并诸菩萨诸大声闻众,人天阿苏罗等,闻佛所说,欢喜奉行。大方广如来藏经

【疏】依唐译,于释迦对金刚慧菩萨说传播此经功德后,复有"具寿庆喜"问佛。名号为"具寿",即是小乘的阿罗汉。在这里,便有将菩萨乘与小乘归入佛乘的意趣。

小乘包括声闻与缘觉,菩萨乘观修般若,唯佛乘始说如来藏,称为无上大乘、一佛乘。三乘归于一乘,是三转法轮的意趣,所以在三转法轮的诸经中,无不强调三乘归一,这即是以无上大乘如来藏法门为究竟意趣。

若以二转法轮说般若为究竟,释迦就不应该在三转法轮经中说无上大乘。这一点非常明白,居然还有诤论,实在是末法时代的现象。

宝瓶

下 篇
《如来藏经》新译

【藏文】'di skad bdag gis thos pa dus gcig na / bcom ldan 'das mngon par rdzogs par sangs rgyas nas / lo bcu bzhes pa dang / shin tu tsha ba'i dus kyi tshe / rgyal po'i khab na / bya rgod kyi phung po'i ri la rin po che'i gdugs kyi khang bzangs tsan dan gyi snying po'i khang pa brtsegs pa na / slob pa dang / mi slob pa'i nyan thos kyi dge slong 'bum du tshang ba'i dge slong gi dge 'dun chen po phal cher dgra bcom pa / zag pa zad pa / nyon mongs pa med pa / dbang dang ldan par gyur pa / sems shin tu rnam par grol ba / shes rab shin tu rnam par grol ba / cang shes pa / glang po chen po / bya ba byas pa / byed pa byas pa / khur bor ba / bdag gi don rjes su thob pa / srid par kun tu sbyor ba yongs su zad pa / yang dag pa'i shes pas sems shin tu rnam par grol ba / sems thams cad kyi dbang gi dam pa'i pha rol tu son pa sha stag la /

〔前分〕

【新译】如是我闻，一时世尊（婆伽梵 bhagavat），成正等觉十年后热月际①，在王舍城（Rājagṛha）灵鹫峰（Gṛdhrakūṭa），于宝曜宫（Ratnacchattra prāsāda）栴檀藏大楼阁（Candanagarbha kūṭāgāra）中，与大比丘众百千人俱，皆为圣种（ājāneya）有学、无学声闻及罗汉众。诸漏已尽，无复烦恼，皆得自在，心善解脱，慧善解脱，正智解脱，犹如大龙（mahānāga），所作已办，尽舍重担，逮得已利，尽诸有结，于心自在而到彼岸。

---

① 依不丹发现的藏译抄本，则说"成佛十七年后"，似较合理，但汉藏译皆说为成佛十年后说，故今从之。

【藏文】'di lta ste / tshe dang ldan pa 'od srung chen po dang / tshe dang ldan pa lteng rgyas 'od srung dang / tshe dang ldan pa chu bo 'od srung dang / tshe dang ldan pa ga ya 'od srung dang / tshe dang ldan pa ka tya'i bu chen po dang / tshe dang ldan pa gsus po che dang / tshe dang ldan pa ba ku la dang / tshe dang ldan pa nam gru dang / tshe dang ldan pa rab 'byor dang / tshe dang ldan pa byams ma'i bu gang po dang / tshe dang ldan pa ngag dbang dang / tshe dang ldan pa shā ri'i bu dang / tshe dang ldan pa mo'u dgal gyi bu chen po dang / tshe dang ldan pa cang shes ko'u di nya dang / tshe dang ldan pa 'char ka dang / tshe dang ldan pa sgra gcan zin dang / tshe dang ldan pa dga' bo dang / tshe dang ldan pa nye dga dang / tshe dang ldan pa kun dga' bo dang / de dag la sogs pa dge slong 'bum du tshang ba dang thabs gcig tu bzhugs so //

【新译】百千比丘中有具寿大迦波(Mahākāśyapa)、具寿沤楼频蠡迦叶波(Uruvilvākāśyapa)、具寿那提迦叶波(Nadikāśyapa)、具寿伽耶迦叶波(Gayākāśyapa)、具寿大迦旃延(Mahākātyāyana)、具寿俱郗罗(Mahākauṣṭhila)、具寿薄俱罗(Vakula)、具寿离波多(Revata)、具寿须菩提(Subhūti)、具寿满慈子(Pūrṇamaitrāyaṇīputra)、具寿语自在(Vāgīśa)、具寿舍利子(Śāriputra)、具寿大目揵连(Mahāmaudgalyāyana)、具寿憍陈如(Āyñātakauṇḍinya)、具寿乌陀夷(Udāyin)、具寿罗呼罗(Rāhula)、具寿难陀(Nanda)、具寿邬波难陀(Upananda)、具寿阿难陀(Ānanda)，与如是等上首比丘一千人俱。

【藏文】 byang chub sems dpa' sems dpa' chen po sangs rgyas kyi zhing tha dad pa nas 'dus pa / gangga'i klung drug cu'i bye ma snyed thams cad kyang / skye ba gcig gis thogs pa / mngon par shes pa chen po dang / stobs dang / mi 'jigs pa thob pa / sangs rgyas bye ba khrag khrig 'bum phrag mang po la bsnyen bkur byas pa / phyir mi ldog pa'i chos kyi 'khor lo rab tu bskor pa / gang dag gi ming thos pa tsam gyis 'jig rten gyi khams tshad med grangs med pa'i sems can bla na med pa yang dag par rdzogs pa'i byang chub las phyir mi ldog par 'gyur ba sha stag la /

【新译】 复有六十恒河沙数菩萨摩诃萨，从种种佛土而来集会，皆是一生补处，得五种神通、十力及四无畏、已曾承事无量俱胝那庚多百千（koṭīniyutaśatasahasra）诸佛，悉皆能转不退法轮。若有无量世间中无量有情，得闻其名，皆于正等觉中得不退转。

067

【藏文】'di lta ste / byang chub sems dpa' sems dpa' chen po chos kyi blo gros dang / sengge'i blo gros dang / stag gi blo gros dang / don gyi blo gros dang / rin po che'i blo gros dang / rab mchog blo gros dang / zla 'od dang / rin chen zla 'od dang / zla ba nya ba'i 'od dang / rnam par gnon pa chen po dang / rnam par gnon pa dpag med dang / rnam par gnon pa mtha' yas dang / 'jig rten gsum rnam par gnon dang / mi g.yo ba'i gnas rnam par gnon dang / mthu chen thob dang / spyan ras gzigs dbang phyug dang / spos kyi glang po dang / spos dga' dang / spos dga' ba'i dpal dang / dpal gyi snying po dang / nyi ma'i snying po dang / tog dang / tog chen po dang / tog dri ma med pa dang / rin chen mtha' yas dbyu gu dang /

【新译】此中有所谓法慧菩萨（Dharmamati）、师子慧菩萨（Siṃhamati）、虎慧菩萨（Vyāghramati）、义慧菩萨（Arthamati）、宝慧菩萨①（Ratnamati）、胜慧菩萨（Pravaramati）、月光菩萨（Candraprabha）、宝月光菩萨（Ratnacandraprabha）、满月光菩萨（Pūrṇacandraprabha）、大勇健菩萨（Mahāvikrāmin）、无量勇健菩萨（Aprameyavikrāmin）、无边勇健菩萨（Anantavikrāmin）、三世勇健菩萨（Trailokyavikrāmin）、不动勇足（Acalapadavikrāmin）、得大势菩萨（Mahāsthāmaprāpta）、观自在菩萨（Avalokiteśvara）、香象菩萨（Gandhahastin）、香悦菩萨（Gandharati）、香悦吉祥菩萨（Gandharatiśrī）、吉祥藏菩萨（Śrīgarbha）、日藏菩萨（Sūryagarbha）、计都菩萨（Ketu）、大幢菩萨（Mahāketu）、无垢幢菩萨（Vimalaketu）、

---

① 晋、唐二译皆缺此菩萨名。

【藏文】rin chen dbyu gu 'dor dang / rin chen dri med dbyu gu dang / mchog tu dga' ba'i rgyal po dang / rtag tu rab dga' dang / lag na rin po che dang / nam mkha'i mdzod dang / ri bo dang / ri rab dang / ri bo chen po dang / you tan rin chen snang dang / gzungs kyi dbang phyug gi rgyal po dang / sa 'dzin dang / sems can thams cad kyi nad sel dang / rab tu yid dga' dang / yid skyo dang / skyo med dang / 'od byed dang / tsan dan dang / g.yo ba zlog dang / dpag med mngon bsgrags dbyangs dang / byang chub kun nas bslang dang / mthong ba don yod dang / chos thams cad la dbang sgyur ba dang / byang chub sems dpa' sems dpa' chen po byams pa dang / 'jam dpal gzhon nur gyur pa dang / de dag la sogs pa byang chub sems dpa' sems dpa' chen po gangga'i klung drug cu'i bye ma snyed dang yang thabs gcig go //

lha dang / klu dang / gnod sbyin dang / dri za dang / lha ma yin dang / nam mkha' lding dang / mi 'am ci dang / lto 'phye chen po dang / mi dang mi ma yin pa dpag tu med pa dang yang thabs gcig go // de nas bcom ldan 'das 'khor 'bum phrag du mas yongs su bskor cing mdun gyis bltas te / rgyal po dang / blon po chen po dang / tshong dpon dang / khyim bdag dang / blon po dang / grong rdal ba dang / yul gyi mi rnams kyis bsti stang du byas / bla mar byas / rim gror byas shing mchod do //

【新译】无边宝杖菩萨（Anantaratnayaṣṭi）、舍宝杖菩萨（Tyaktaratnayaṣṭi）、迷卢菩萨（Meru）、苏迷卢菩萨（Sumeru）、大苏迷卢菩萨（Mahāmeru）、功德宝光菩萨（Guṇaratnāloka）、陀罗尼自在王菩萨（Dhāraṇīśvararāja）、持地菩萨（Dharaṇīṃdhara）、除一切有情病菩萨（Sarvasattvaroganivartana）、欢喜意菩萨（Prāmodyamanas）、忧悲意菩萨（Khinnamanas）、无忧菩萨（Akhinna）、光藏菩萨（Jyotiṣkara）、

069

栴檀菩萨（Candana）、于此无争菩萨（Īhavivarta）、无量雷音菩萨（Aprameyābhigarjitasvara）、起菩提行菩萨（Bodhisamutthāpana）、不空见菩萨（Amoghadarśin）、一切法自在菩萨（Sarvadharmavaśavartin）、弥勒菩萨（慈氏菩萨，Maitreya）、文殊师利童真菩萨（Mañjuśrī），及余六十恒河沙数菩萨摩诃萨俱。

复有无数天、龙、夜叉、乾闼婆、阿修罗、迦楼罗、紧那罗、摩睺罗伽、人、非人等，皆来集会。

复有百千众国王、大臣、长者、居士、臣僚、商人、百姓悉皆来集，绕佛前后，恭敬供养。

【**新疏**】疏上面五段新译。

说法的地方在宝曜宫栴檀藏大楼阁,有所表义,珍宝的光芒如星辰照耀。比喻为识境的光明有如智境所显现的光明;栴檀的香气可以盖过一切气味,比喻智境可以超越识境。

由法慧、师子慧、虎慧、义慧、宝慧、胜慧等菩萨先行具名而为上首,可以看作是对如来藏的比喻,用法及师子等,比喻识境,用慧来比喻智境,具有智识双运的意味。

莲花

【藏文】 de'i tshe bcom ldan 'das bshos gsol ba'i 'og tu tsan dan gyi snying po'i khang pa brtsegs pa de nyid du nang du yang dag 'jog la zhugs par gyur to // de nas sangs rgyas kyi mthus / tsan dan gyi snying po'i khang pa brtsegs pa de las padma mdab ma bye ba khrag khrig phrag 'bum yod pa / tshad shing rta'i 'phang lo tsam pa / kha dog dang ldan pa / kha ma bye ba bye ba khrag khrig phrag 'bum byung bar gyur te / de dag steng gi nam mkha'i bar snang la mngon par 'phags nas / thams cad dang ldan pa'i sangs rgyas kyi zhing 'di khebs par gyur te / 'di lta ste / dper na / rin po che'i bla re bzhin du kun tu gnas par gyur to // padma'i snying po re re la yang de bzhin gshegs pa'i sku skyil mo krung bcas te bzhugs shing / 'od zer 'bum dag rab tu 'gyed par kun tu snang la / padma de dag thams cad kyang shin tu kha bye bar gyur to //

【新译】 尔时世尊于栴坛藏大楼阁中，既食已，由佛力而现神变，于楼阁出无数莲花，各具无数瓣，大如车轮，色香具足，而未开敷。

如是莲花上升虚空，周遍一切诸佛刹土，合成宝帐。彼所有莲花旋即开敷，于一一花中皆有如来结跏趺坐，具三十二大丈夫相放百千光。

【藏文】 de nas sangs rgyas kyi byin gyi rlabs kyis / padma de dag gi mdab ma de dag thams cad kyang mog mog po dang / nog nog po dang / dri nga ba dang / smad par 'os pa dang / mngon par dga' bar 'gyur ba ma yin par gyur to // 'on kyang padma'i snying po de dag la / de bzhin gshegs pa'i sku rnams skyil mo krung bcas te / bzhugs shing / 'od zer 'bum dag rab tu 'gyed par kun tu snang ngo // de bzhin gshegs pa'i sku padma'i snying po la bzhugs pa de dag gis kyang thams cad dang ldan pa'i sangs rgyas kyi zhing 'di khyab par gyur te / de'i tshe sangs rgyas kyi zhing 'di shin tu mdzes par gyur to // de nas de'i tshe byang chub sems dpa'i tshogs thams cad dang / 'khor bzhi yang shin tu ngo mtshar du gyur cing dga' bar gyur to //

【新译】 是时,以佛威神力故,所有莲瓣无一余,悉皆痿瘁而成暗色,且具恶臭,令人可厌,更不悦意。唯于诸莲花花胎中,悉现如来结跏趺坐,普现百千辉光。

复次,所有佛土,盈满莲花中结跏趺坐诸如来,佛土由是具足端严。

尔时,一切菩萨及四部众悉皆惊愕,生奇特想,怪未曾有。

【藏文】 bcom ldan 'das kyi rdzu 'phrul mngon par 'du mdzad pa de mthong nas the tshom du gyur te / gang padma bye ba khrag khrig phrag 'bum 'di dag gi 'dab ma rnams 'di ltar kha dog ngan cing chu ba rnams kyang kha dog ngan la smad pa'i 'os su gyur te / mngon par dga'bar 'gyur ba ma yin pa dang / padma'i snying po de dag la yang de bzhin gshegs pa'i sku re re skyil mo krung bcas te bzhugs shing 'od zer 'bum dag rab tu 'gyed pas shin tu mdzes par kun tu snang ba 'di'i rgyu ni gang yin / rkyen ni gang yin snyam mo // de nas thams cad dang ldan pa'i byang chub sems dpa'i tshogs dang / 'khor bzhi po the tshom du gyur pa rnams 'dong bar bya ba'i mtshan ma byas so // de'i tshe tsan dan gyi snying po'i khang pa brtsegs pa der / byang chub sems dpa' sems dpa' chen po rdo rje'i blo gros shes bya ba 'dus par gyur te 'dug go //

【新译】 以世尊现此神变故，大众心生疑念：以何缘故，所有莲瓣皆成恶色，莲茎亦坏，不复悦意，唯于莲花胎中，一一如来结跏趺坐，放百千辉光周遍一切处，令人爱乐。

【新疏】疏上面三段新译。

此处强调莲花合成宝帐周遍一切界,即说一切界皆为智识双运界,又强调如来辉光周遍一切处,即表义如来法身周遍。

【藏文】 de nas bcom ldan 'das kyis byang chub sems dpa' sems dpa' chen po rdo rje'i blo gros la bka' stsal pa / rigs kyi bu khyod kyis chos can gyi gtam las rtsoms te / de bzhin gshegs pa dgra bcom pa yang dag par rdzogs pa'i sangs rgyas la yongs su zhu bar spobs par gyis shig // de nas byang chub sems dpa' sems dpa' chen po rdo rje'i blo gros / bcom ldan 'das kyis gnang bas lha dang / mi dang / lha ma yin dang bcas pa'i 'jig rten dang / byang chub sems dpa' thams cad dang / 'khor bzhi po dag gi the tshom gyi zug rngu rig nas / bcom ldan 'das la 'di skad ces gsol to // bcom ldan 'das 'jig rten gyi khams 'di thams cad padma kha dog ngan cing dri mi bda' ba 'di lta bu bye ba khrag khrig phrag 'bum 'di dag gis khebs pa dang / de dag gi dbus na yang de bzhin gshegs pa'i sku skyil mo krung bcas shing bzhugs te / 'od zer 'bum dag rab tu 'gyed par kun tu gda' ba dang / de bzhin gshegs pa'i sku de dag mthong nas kyang / srog chags bye ba khrag khrig phrag 'bum thal mo sbyar te phyag 'tshal ba'i rgyu ni gang lags / rkyen ni gang lags /

【新译】 尔时，世尊知诸菩萨及四众生疑，众中有金刚慧（Vajramati）菩萨摩诃萨，即告金刚慧言：汝善男子，今应可请如来应正等觉，宣说甚深法要。

以世尊许可，金刚慧菩萨摩诃萨，乃普为怀疑惑之一切天人世间、菩萨摩诃萨众及四部众而白佛言：世尊，以何因缘，一切世界皆覆无量败色可厌莲花，而于花中皆有如来放百千辉光，普照一切世界。现前无数有情，皆见如来身，合掌而住，俨然不动。

【**新疏**】如来法身不可见,今见如来身合掌而住,可以说,是如来法身与如来识身的双运相。释迦牟尼世尊,在诸会中示现的,便亦是此双运相。

【藏文】de nas de'i tshe byang chub sems dpa' rdo rje'i blo gros kyis tshigs su bcad pa 'di dag gsol to //

sangs rgyas stong phrag bye ba mi g.yo bar //
padma dag gi dbus na bzhugs par ni //
khyod kyis 'di 'dra'i rdzu 'phrul ston mdzad pa //
bdag gis sngan chad nam yang 'di ma mthong //

'od zer stong rnams rab tu 'gyed mdzad cing //
sangs rgyas zhing 'di thams cad khebs par mdzad //
ngo mtshar chos kyi rnams la rol mdzad pa'i //
'dren pa rnams kyi bar chad ma mchis mdzes //

mdab ma dag dang chu ba smad 'os la //
kha dog ngan pa'i padma rnams dbus der //
de dag rin chen rang bzhin 'drar bzhugs pa //
ci'i slad du rdzu 'phrul 'di dag sprul //

bdag gis sangs rgyas gangga'i bye snyed mthong //
de yi rdzu 'phrul khyad 'phags bdag mthong ste //
de ring gda' ba'i rnam sprul ci 'dra ba //
sngon chad nam yang 'di 'dra 'di ma mthong //

rkang gnyis gtso bo lhas ni bstan du gsol //
rgyu gang rkyen gang lags pa bshad du gsol //
'jig rten don mdzad thugs brtse gsung du gsol //
lus can kun gyi the tshom dgum du gsol //

【新译】尔时金刚慧菩萨,说偈颂言:

　　如是我昔未曾见　佛作神变若今日
　　显现如来无量数　住莲花胎寂不动

　　导师皆各放辉光　周遍覆盖诸佛刹
　　诸法奇特而游戏　如是显现为庄严

　　于彼可厌莲花中　如来如宝而端坐
　　诸莲瓣茎则可厌　云何现此大神变

　　我曾见佛恒沙数　曾见如来诸殊胜
　　却未曾见如是相　大神变相如今日

　　唯愿两足尊开示　以何因缘现神变
　　尚祈哀愍利世间　为诸众除彼疑惑

【藏文】de nas bcom ldan 'das kyis byang chub sems dpa' sems dpa' chen po rdo rje'i blo gros la sogs pa thams cad dang ldan pa'i byang chub sems dpa'i tshogs la bka' stsal pa / rigs kyi bu dag de bzhin gshegs pa'i snying po zhes bya ba'i mdo shin tu rgyas pa yod de / de rab tu bstan pa'i phyir / de bzhin gshegs pas snang ba'i mtshan ma 'di lta bu 'di byas so // de'i phyir legs par rab tu nyon la yid la zung shig dang bshad do // byang chub sems dpa' sems dpa' chen po rdo rje'i blo gros dang / thams cad dang ldan pa'i byang chub sems dpa'i tshogs des / bcom ldan 'das la legs so zhes gsol te / bcom ldan 'das kyi ltar nyan pa dang / bcom ldan 'das kyis 'di skad ces bka' stsal to //

【新译】尔时，世尊告一切众菩萨及金刚慧菩萨摩诃萨言：善男子，今有大方广经名如来藏，将欲宣说，故现此瑞相，汝等集会，应善谛听，极善谛听，作意思维。

金刚慧菩萨及一众菩萨，向佛答言：善哉，世尊，愿乐欲闻。

【**新疏**】疏上面两段新译。

第二颂,"诸法奇特而游戏,如是显现为庄严",意思是说诸法的游戏(诸法的显现),都是法界的庄严,这便是如来藏的甚深义。

佛内自证智的境界,即是如来法身,这法身于识境不成显现,因为识境中的一切显现,皆依名言句义而成立,如来法身既是智境,便不能依名言句义而显现,是故说为不可思议。然而智境亦不是无可显现,唯藉智境上的识境而成显现,一如我们启动荧光屏,荧光屏亦唯藉屏上的影像而成显现,所以,我们便把识境称为智境的庄严。

由于如来法身、法智、法界三无分别,所以作为智境庄严的识境,有时便可说为如来法身的庄严,或法界的庄严。

这两句颂的意思便是这样,诸法随缘自显现说为游戏,这些游戏便显现而成法身的庄严、法智的庄严、法界的庄严。

晋、唐二译,未能完整地表达这层意思。晋译"离垢诸导师,庄严诸世界",是将如来的显现视为识境(诸世界)的庄严,译失;唐译"奇特于法而游戏,彼诸佛等悉端严",那便只是说诸佛的端严相,未表达出诸法的奇特游戏为法界庄严。

这两句颂,其实不容易译,今略作意译,译为"诸法奇特而游戏,如是显现为庄严",实在亦未能完全表达上述的意思。

【藏文】rigs kyi bu dag ji ltar de bzhin gshegs pas sprul pa'i padma kha dog ngan pa / dri nga ba / smad par 'os pa / mngon par dga' bar 'gyur ba ma yin pa 'di dag dang / de bzhin gshegs pa'i gzugs mdzes pa / gzugs bzang ba / blta na sdug pa dag padma'i snying po 'di dag la skyil mo krung bcas shing 'khod de / 'od zer 'bum dag rab tu 'gyed cing 'khod pa de dag kyang rig nas / lha dang mi rnams phyag 'tshal zhing / mchod pa'i las kyang byed pa de bzhin du / rigs kyi bu dag de bzhin gshegs pa dgra bcom pa yang dag par rdzogs pa'i sangs rgyas kyis kyang / rang gi shes rab dang / ye shes dang / de bzhin gshegs pa'i mig gis sems can srog chags su gyur pa / 'dod chags dang / zhe sdang dang / gti mug dang / sred pa dang / ma rig pa'i nyon mongs pa bye ba phrag 'bum gyi sbubs su gyur pa thams cad dang /

〔正分〕

【新译】佛言：善男子，如是如来神变：臭秽败色莲花，不复令人喜悦；花胎中如来结跏趺坐，相好端严，放百千辉光，为人乐见，礼拜供养。如是，善男子，如来应正等觉，以智及如来眼见一切有情，为无量贪、瞋、痴、欲，及无明烦恼所缠。

【藏文】rigs kyi bu dag sems can nyon mongs pa'i sbubs su gyur pa de dag gi nang na / nga 'dra bar ye shes dang ldan pa / mig dang ldan pa'i de bzhin gshegs pa mang po 'khod cing skyil mo krung bcas nas / mi g.yo bar 'khod pa mthong ste / nyon mongs pa thams cad kyis nyon mongs pa can du gyur pa de dag gi nang na / de bzhin gshegs pa'i chos nyid mi g.yo zhing / srid pa'i 'gro ba thams cad kyis ma gos pa dag mthong nas / de bzhin gshegs pa de dag ni nga dang 'dra'o zhes smra'o // rigs kyi bu dag de bzhin gshegs pa'i mig ni de ltar mdzes pa yin te / de bzhin gshegs pa'i mig des sems can thams cad de bzhin gshegs pa'i snying por mthong ngo //

【新译】然而，善男子，于诸有情烦恼缠中，有无数如来结跏趺坐，寂静无动，具如来智如来眼如我，然为诸烦恼所染。唯如来法性（tathāgatadharmatā）则无变异，为诸有趣所不能染，故说一切如来如我无异。

善男子，如是，如来眼令人尊重，得见一切有情如来藏（tathāgatagarbha）。

【藏文】rigs kyi bu dag 'di lta ste dper na / skyes bu lha'i mig can la la zhig gis / lha'i mig gis 'di ltar kha dog ngan cing / 'di ltar dri nga ba'i padma kha ma bye zhing / ma gyes pa dag la bltas te / de'i dbus na padma'i snying po la de bzhin gshegs pa skyil mo krung bcas shing 'dug par rig nas / de bzhin gshegs pa'i gzugs blta bar 'dod de / de bzhin gshegs pa'i gzugs de yang dag par sbyang ba'i phyir / padma'i mdab ma kha dog ngan cing dri nga la / smad par 'os pa de dag 'byed cing sel ba de bzhin du / rigs kyi bu dag de bzhin gshegs pas kyang sangs rgyas kyi mig gis sems can thams cad de bzhin gshegs pa'i snying por mthong nas / sems can de dag gi 'dod chags dang / zhe sdang dang / gti mug dang / sred pa dang / ma rig pa'i nyon mongs pa'i sbubs dbye ba'i phyir chos ston te / de sgrub pa'i de bzhin gshegs pa rnams ni yang dag pa nyid du gnas so //

【新译】善男子，譬如具天眼人，于未开敷可厌败萎莲花中，由天眼见如来结跏趺坐，于是即欲见如来相，彼须去除可厌败坏莲瓣，究竟清净，然后始可见如来如如相。

如是，善男子，佛眼见一切有情皆有如来藏，为清除诸有情之贪、瞋、痴、欲与无明等烦恼壳，故为说法，由闻法故，得了知圆满建立之如来藏。

【藏文】rigs kyi bu dag 'di ni chos rnams kyi chos nyid de / de bzhin gshegs pa rnams byung yang rung ma byung yang rung / sems can 'di dag ni rtag tu de bzhin gshegs pa'i snying po yin na / rigs kyi bu dag smad par 'os pa'i nyon mongs pa'i sbubs rnams kyis yog pas / de dag gi nyon mongs pa'i sbubs gzhig' pa dang / de bzhin gshegs pa'i ye shes kyang yongs su sbyang ba'i phyir / de bzhin gshegs pa dgra bcom pa yang dag par rdzogs pa'i sangs rgyas byang chub sems dpa' rnams la chos ston te / bya ba 'di la yang mos par byed do // de la byang chub sems dpa' sems dpa' chen po chos de dag la mngon par brtson par gnas pa de dag gang gi tshe / nyon mongs pa dang / nye ba'i nyon mongs pa thams cad las yongs su grol bar gyur pa de'i tshe / de bzhin gshegs pa dgra bcom pa yang dag par rdzogs pa'i sangs rgyas shes bya ba'i grangs su 'gro ste / de bzhin gshegs pa'i bya ba thams cad kyang byed do //

【新译】善男子，诸法本性如是，若如来出世，若不出世，一切时际之有情，皆有如来藏。

善男子，以烦恼壳故，如来应正等觉，即为菩萨众说法，引导彼众依开示而作如是事，坏烦恼壳，净如来智。菩萨摩诃萨众，由是于法勤修精进，则能于一切烦恼、随烦恼得解脱。如来应正等觉，与诸菩萨摩诃萨，是能于世间作如来事。

【藏文】de nas de'i tshe bcom ldan 'das kyis tshigs su bcad pa 'di dag bka' stsal to //

ji ltar padma smad par 'os gyur pa //
de'i mdab ma sbubs gyur ma gyes la //
de bzhin gshegs pa'i snying po ma gos te //
mi 'ga' la las lha yi mig gis mthong //

de ni de'i mdab ma 'byed pa na //
dbus na rgyal ba'i lus ni mthong gyur nas //
rgyal ba nye ba'i nyon mongs phyir mi 'gyur //
de ni 'jig rten kun tu rgyal bar 'gyur //

de bzhin ngas kyang srog chags thams cad kyi //
dkyil der gnas pa'i rgyal ba rnams kyi lus //
ji ltar smad 'os padma'i sbubs 'dra ba'i //
nyon mongs stong phrag bye bas khebs pa mthong //

nga yang de dag gi ni bsal ba'i phyir //
mkhas pa rnams la rtag tu chos ston te //
sems can 'di dag sangs rgyas 'gyur bya zhes //
rgyal ba'i phyir ni nyon mongs rnam par sbyong //

nga yi sangs rgyas mig ni de 'dra ste //
de yis rgyal ba'i lus su gnas pa yi //
sems can 'di dag thams cad mthong gyur te //
de dag rnam par sbyang phyir chos smra'o //

【新译】尔时世尊以偈颂言：

　　如彼萎败恶莲花　　花瓣如壳未开敷
　　具天眼者得能见　　不受污染如来藏

　　若彼花瓣得去除　　花中即见胜智佛①
　　胜智故不受污染　　胜智现为一切界

　　如是我见胜智身　　住于一切有情中
　　覆于无数烦恼缠　　恰如莲花败萎壳

　　为欲去除烦恼缠　　我向智者常说法
　　且常思念有情众　　可净烦恼成正觉

　　我以佛眼见有情　　有胜智佛常安住
　　复为清净彼等故　　由是我常宣说法

---

① 此处藏译为 rgyal ba，对应梵文为 jina，意为胜智佛，假名为佛，主旨在于胜智，是即佛内自证智境界。

【新疏】疏上面五段新译。

晋唐二译,未译出"如来法性"无变异,只强调如来法身不受污染。所谓如来法性,可以比喻为荧光屏性、镜性等。荧光屏上的一切影像,其自性一定都是荧光屏性;镜上的一切影像,其自性一定都是镜性;如来法身上所显现的世间一切法,其自性一定是如来法身性(法性),所以,虽然有一切世间随缘自显现,如来法性必无变异。此如荧光屏上有一切影像显现,荧光屏性必无变异;镜上有一切显现,镜性亦必无变异。

由如来法性无变异,即可以说有情的佛性亦无变异,这是如来藏的密意,所以这句经文必须补译出来。

复次,颂文说"花中即见胜智佛",不说为见如来法身,而说为见胜智佛,这是点明如来法身即是佛内自证智境界,佛内证智当然可以说为胜智。晋唐二译仍然译为佛或如来,未依梵文 jina 译为胜智者、胜智佛,便容易失去密意。

由"花中即见胜智佛"这个密意,即可显示凡夫的心性,其实亦恒常与法性双运,因为心性亦是法性上随缘自显现的识境,这样便容易明白如来藏其实即是一个智识双运的境界。

说有情众"可净烦恼成正觉",是即成佛并非新得,只是由净除烦恼而得成正觉,而成佛性显露。其实这一点,在大乘诸了义经中,都常有此密意,却为落于名言与事相的人所不觉。

【藏文】rigs kyi bu dag gzhan yang 'di lta ste dper na / sbrang tshang zlum po shing gi yal ga la 'phyang ba // bung ba 'bum gyis kun tu bsrungs shing // sbrang rtsis yongs su gang ba zhig yod la // de nas sbrang rtsi 'dod pa'i mi zhig gis srog chags kyi rnam pa bung ba de dag thabs mkhas pas bskrad nas / sbrang rtsi des sbrang rtsi'i bya ba byed do // rigs kyi bu dag de bzhin du sems can thams cad kyang sbrang tshang dang 'dra ste / de la sangs rgyas nyid nyon mongs pa dang / nye ba'i nyon mongs pa bye ba phrag 'bum gyis shin tu bsrungs pa / de bzhin gshegs pa'i ye shes mthong bas rig go // rigs kyi bu dag ji ltar sbrang tshang gi nang na / sbrang rtsi bung ba bye ba phrag 'bum gyis kun tu bsrungs pa yod par skyes bu mkhas pa zhig gis shes pas rig pa de bzhin du / sems can thams cad la yang sangs rgyas nyid nyon mongs pa dang / nye ba'i nyon mongs pa bye ba phrag 'bum gyis kun tu bsrungs pa yod par de bzhin gshegs pa'i ye shes mthong bas rig ste /

【新译】复次,善男子,譬如蜜房,蜜汁盈满,悬于大树,其状团圆,有百千蜂周围守护。时有一人欲求蜂蜜,乃以善巧方便,驱逐其蜂而取其蜜,乃得享用,随其所适而用。

如是,善男子,一切有情无一余,皆如蜜房,以如来知见(tathāgata-jñānadarśana),即能知有无数烦恼、随烦恼周边环绕,于中有佛种性。

善男子,譬如善巧者认知蜂房中有蜜,周边有无数蜂围绕,以知见见佛种性亦复如是,悉皆为一切有情之烦恼、随烦恼所环绕。

【藏文】rigs kyi bu dag de la de bzhin gshegs pa yang thabs la mkhas pas bung ba bsal ba de bzhin du sems can de dag gi 'dod chags dang / zhe sdang dang / gti mug dang / nga rgyal dang / rgyags pa dang / 'chab pa dang / khro ba dang / gnod sems dang / phrag dog dang / ser sna la sogs pa'i nyon mongs pa dang / nye ba'i nyon mongs pa rnams bsal nas / ji ltar sems can de dag la yang nyon mongs pa dang / nye ba'i nyon mongs pa de dag gis nye ba'i nyon mongs pa can du mi 'gyur ba dang / gnod par mi 'gyur ba de lta de ltar chos ston to // de bzhin gshegs pa'i ye shes mthong ba de rnam par sbyangs nas / 'jig rten na de bzhin gshegs pa'i bya ba byed de / rigs kyi bu dag nga'i de bzhin gshegs pa'i mig yongs su dag pa des / ngas sems can thams cad de ltar mthong ngo //

【新译】善男子，如同驱蜂，如来以善巧方便断除有情贪、瞋、痴、慢、侨、妒、忿、怒、嫉、悭等烦恼随烦恼，由是说法，令有情不复受烦恼随烦恼所染污、所逼恼。

如来知见，能净除故，即是如来所作世间事业。善男子，我用如来极清净眼，如是而见有情。

【藏文】de nas de'i tshe bcom ldan 'das kyis tshigs su bcad pa 'di dag bka' stsal to //

ji ltar 'di na sbrang tshang yod pa la //
bung bas kun tu bsrungs shing sbas gyur pa //
mi gang sbrang rtsi 'dod pas de mthong nas //
de ni bung ba rab tu skrod par byed //

de bzhin 'dir yang sbrang tshang lta bu ni //
srid pa gsum gyi sems can thams cad do //
de dag nyon mongs bye ba mang ba ste //
nyon mongs dbus na de bzhin gshegs 'dug mthong //

nga yang sangs rgyas rnam par sbyang don du //
bung ba skrod pa lta bur nyon mongs sel //
gang gis nyon mongs bye ba gnod 'gyur ba //
chos rnams 'dir ni thabs kyis rab ston te //

de dag ji ltar de bzhin gshegs gyur la //
'jig rten kun tu rtag tu bya byed cing //
spobs ldan ji ltar sbrang ma'i sbrang rtsi yi //
snod 'dra'i chos ston 'gyur bar bya phyir ro //

【新译】尔时世尊以偈颂言：

譬如此有蜂蜜房　有无数蜂作环绕
欲求蜜者知有蜜　即悉驱逐彼众蜂

有情所在之三有　是即恰如此蜜房
无数烦恼则如蜂　于烦恼中如来住

佛以为作净除故　断除烦恼如驱蜂
善巧方便而说法　烦恼由是得根除

直及至于证如来　我皆常作佛事业
辩才周遍诸世间　说法犹如蜂蜜瓶

【新疏】疏上面三段新译。

这里说,能见一切众生皆有如来藏,是以佛的知见而见,这不等如由佛智而见。用佛智当然可以见到如来藏,但未得佛智,而具佛知见的行者,当亦能见如来藏。这就说明,地上菩萨都能知见如来藏,如求蜜的人能知见蜜房中有蜜。这一点非常重要,倘如只有佛智才能知见如来藏,那么如来藏便不能成为观修成佛的法门,因为观修者无可知见故。所以于新译中,才着意于"如来知见"这个名言。

在这段经文及偈颂中,要留意到,强调佛所说法能除烦恼及随烦恼。亦即是说,佛的无量辩才皆为断除烦恼随烦恼而说。那么,无论佛用种种法异门来说,这种种法异门,实在都是断除烦恼随烦恼的法门,都能令人得蜜(佛种性),是故喻为"蜜瓶"。这样一来,我们便能知佛的密意,能知佛之所说,皆为令众生得开发如来种性,由是现证如来法身,因此便知道,如来藏教法实最为究竟,有如蜂蜜;一切法异门,实在只是驱除蜂群的善巧方便,只是方法,不是所得果。倘如住在任一法异门中,那么便只是得到方法,而未能依果法而修证。

双鱼

【藏文】 rigs kyi bu dag gzhan yang 'di lta ste dper na / 'bras sa lu 'am / nas sam / ci tse 'am / 'bru rnams ni snying po phub mas yongs su bsrungs pa yin te / de rang gi phub ma las ma byung gi bar du bza' ba dang / bca' ba dang / myang ba'i bya ba mi byed kyi / rigs kyi bu dag skyes pa 'am / bud med gang dag bza' ba dang / bca' ba la sogs pa zas skom gyi bya ba 'dod pa de dag gis brngas shing brdungs te / phub ma'i sbubs dang phyi shun sel to //

rigs kyi bu dag de bzhin du de bzhin gshegs pa yang de bzhin gshegs pa'i spyan gyis sems can thams cad la de bzhin gshegs pa nyid / sangs rgyas nyid rang byung nyid / nyon mongs pa'i sbubs kyi shun pas dkris shing gnas par mthong ngo // rigs kyi bu dag de la de bzhin gshegs pa yang nyon mongs pa'i sbubs kyi shun pa bsal ba dang / de bzhin gshegs pa nyid yongs su sbyang ba dang / sems can 'di dag ji ltar nyon mongs pa'i sbubs kyi shun pa thams cad las grol te / 'jig rten du de bzhin gshegs pa dgra bcom pa yang dag par rdzogs pa'i sangs rgyas shes bya ba'i grangs su 'gro bar 'gyur snyam nas / sems can rnams la chos ston to //

【新译】 复次，善男子，此如谷、麦、粟、稷等，诸实皆为外壳所裹，若不出于外壳，则不堪成须咀嚼、不须咀嚼、可饮用，及诸美食。于是，善男子，求食之男女，于收割、脱粒后，则去其皮壳，而成诸美食。

善男子，亦复如是，如来眼以如来知见，见一切有情皆具如来种性、佛种性、自生智性（svayaṃbhūta），为烦恼壳所裹。善男子，如来为有情除烦恼壳，令其清净，见如来种性，故为有情说法。且常思念：有情如何得离烦恼壳，于世间成如来应正等觉。

【藏文】de nas de'i tshe bcom ldan 'das kyis tshigs su bcad pa 'di dag bka' stsal to //

ji ltar 'bru 'am sa lu'i 'bras kyang rung //
ci tse 'am ni 'on te nas kyang rung //
ji srid bar du de dag phub bcas pa //
de srid bar du bya ba mi byed de //

de dag gis ni brdungs nas phub bsal na //
bya ba rnam pa mang po dag kyang byed //
snying po phub ma ldan pa de dag ni //
sems can rnams la bya ba mi byed do //

de bzhin sems can kun gyi sangs rgyas sa //
nyon mongs rnams kyis khebs par ngas mthong nas //
ngas ni de dag rnam par sbyang ba dang //
sangs rgyas myur thob bya phyir chos ston to //

sems can kun la nga 'dra'i chos nyid ni //
nyon mongs brgya yis dkris nas gang yod pa //
de ni rnam sbyangs thams cad ji lta bur //
rgyal bar myur 'gyur bya phyir chos ston to //

【新译】尔时世尊以偈颂言：

譬如粳米与大麦　以及粟稷等诸实
悉皆为壳所覆裹　由是不能成饮食

若然舂去其皮壳　则堪成为诸美食
于皮壳中之诸实　即为有情作利益

如是我见诸有情　如来地为烦恼覆①
是故说法令净除　令彼速证佛种性

为速成就胜智者　是故我宣说教法
有情法性本如佛②　令烦恼壳得净除

---

① 如来地,藏：sangs rgyas sa,对应梵：buddhabhūmi。
② 原作"有情法性本如我",即说有情所具之法性,即如我（世尊）所具。因恐读者误解句中之"我"为"自我",不知为世尊自称,故今改译为"有情法性本如佛"。

【新疏】 疏上面两段新译。

经言："见一切有情皆具如来种性、佛种性、自生智性"，晋唐二译，未完整译出此句，唐译则能译出此句之义，但译为"坚固安住自然之智"，便稍觉隐晦，未能突出如来种性、佛种性、自生智性三者并列，实在具有法、报、化三身三无分别的意义，这其实是如来藏的密意。如来种性表义为法身，佛种性表义为报身，自生智性表义为化身（因为有情成佛所证的根本智即自生智）。于三身无分别时，有情现证自生智，亦必同时现证佛种性与如来种性。这样才能说是"于世间成如来应正等觉"，此中如来表法身，应表报身，正等觉表化身。

颂文中"为速成就胜智者"一句，与第一喻的颂文呼应，晋唐二译，译为"无上道"或"诸佛身"，皆未能突出颂文的密意，亦即未能突出，如来藏说法身为佛内自证智境界。这未必是译师的缺失，可能是笔受者不明法义，于是随意牵合，这实在是汉译常见的问题。

吉祥结（无尽结）

【藏文】rigs kyi bu dag gzhan yang 'di lta ste dper na / rul pa dang / nyal nyil gyi gnas bshang gci dri mi zhim pas kun tu gang ba zhig tu / mi gzhan gseb lam nas song ba zhig gi gser gyi gar bu zlum po zhig lhung bar gyur la / bshang gci dri nga bas kun tu gang ba / rul pa dang / nyal nyil gyi gnas der mi gtsang ba gzhan dang gzhan dag gis mnan pas / bltar mi snang bar gyur cing der de lo bcu 'am / nyi shu 'am / sum cu 'am / bzhi bcu 'am / lnga bcu 'am / lo brgya 'am / lo stong du mi gtsang bas chud mi za ba'i chos can de sems can gang la yang phan pa mi byed do //

rigs kyi bu dag de nas lhas lha'i mig gis gser gyi gar bu zlum po de la bltas nas / mi zhig la kye mi khyod song la 'di na / rin po che'i mchog gser rul pa dang / nyal nyil gyi rnam pas non pa de byi dor gyis la gser gyis gser gyi bya ba gyis shig ces bsgo na rigs kyi bu dag rul pa dang / nyal nyil gyi rnam pa zhes bya ba de ni nyon mongs pa rnam pa sna tshogs kyi tshig bla dags so // gser gyi gar bu zhes bya ba de ni chud mi za ba'i chos can gyi tshig bla dags so // lhas lha'i mig ces bya ba de ni / de bzhin gshegs pa dgra bcom pa yang dag par rdzogs pa'i sangs rgyas kyi tshig bla dags so // rigs kyi bu dag de ltar de bzhin gshegs pa dgra bcom pa yang dag par rdzogs pa'i sangs rgyas kyang / sems can thams cad la de bzhin gshegs pa'i chos nyid chud mi za ba yod pa'i nyon mongs pa rul pa dang / 'dam rdzab lta bu rnams bsal ba'i phyir / sems can rnams la chos ston to //

【新译】善男子，此复如金块，有人怀之行于偏僻处，误堕金块于腐烂污垢中，于此盈满粪秽之地，金块于种种不洁中沉没，由是不复显现，如是或经十年、或二十年、或三十年、或四十年、或五十年，以至千年，虽为不洁物包裹，仍具无变异性（avināśadharmin），然而因为沾覆不洁，是亦不能为有情作利益。

善男子,直至有具天眼者见彼金块,乃指以告人言:丈夫,汝往,此中有真金宝,为种种污腐所掩,汝往取之,加以清洁,此金即成可用。

于此,善男子,说为种种污腐者,比喻种种烦恼随烦恼;说为金块者,比喻无变异性;说为具天眼者,比喻如来应正等觉。

善男子,如是,如来应正等觉,向有情宣说教法,即为断除如腐毁泥淖之烦恼故,一切有情皆具如来无变异性。

【藏文】 de nas de'i tshe bcom ldan 'das kyis tshigs su bcad pa 'di dag bka' stsal to //

ju ltar mi yi gser gyi gar bu ni //
nyal nyil rnam pa'i nang du lhung gyur la //
der de lo ni mi nyung ba zhig tu //
de ltar gnas kyang mi 'jig chos can no //

lha yis lha yi mig gis de mthong nas //
rnam par sbyang phyir gzhan la smras pa ni //
'di na rin chen mchog gi gser yod pa //
rnam par sbyongs la des ni bya ba gyis //

de bzhin ngas ni sems can thams cad kyang //
nyon mongs rnams kyis yun ring rtag non mthong //
de dag gi ni blo bur nyon mongs shes //
rang bzhin sbyang phyir thabs kyis chos ston to //

【新译】 尔时世尊以偈颂言：

譬如人所怀金块　误堕种种污秽中
于污秽中经多年　无变异性令不变

有具天眼者得见　乃以告人令净治
此中有金具价值　洗之即便可使用

如是我见诸有情　长时沉没入烦恼
知彼烦恼为客尘　随应说法净本性

【新疏】 疏上面两段新译。

譬为粪中的金块,实在是比喻如来的无变异性(唐译为"不坏法"),可以说,无变异性是如来的本性(prakṛti),所以这个比喻相当重要。

如来藏,说为智境(佛内自证智境)与识境(一切情器世间)双运的境界,此中双运,可说其本性为:智境无变异,识境无异离。这即是说,智境上虽然有周遍一切界的识境随缘自显现,然而智境实不受识境的烦恼随烦恼所污染,因而改变其自性,如是即是智境无变异。至于识境,则永恒与智境不相异离,有如手掌不能与手背异离,以此之故,即可将智境比喻为识境的生成基,这便是识境的无异离。

于人的心性中,其实亦可以说是智识双运。此中的佛性(佛种性),即是智境,此中烦恼随烦恼,即是识境。佛性为烦恼所掩覆,是即无变异;至于烦恼,亦恒时与佛性相俱,是即无异离。然而,此无异离却非永恒,因烦恼与随烦恼非永恒故,是故即名为"客尘"。客尘便不是本性,因为不是本住。正以烦恼随烦恼为客尘故,所以,才可以由闻思修而令其断离。

我们还要知道,不能将情器世间看成是客尘,因为情器世间依智境而为基,烦恼随烦恼则非依佛性而为基。所以若将智识双运的心性,亦说为如来藏时,则只说无变异性便足,不须说无异离性。因此说如来藏时,须分别依法界而说如来藏,或依心性而说如来藏。《大乘起信论》说一心二门,被当成是他空见,即因不知此分别,其实说一心二门,其心真如门,可以当成是依法界而说如来藏,心与法界无分别故;其心生灭门,可以当成是依心性而说如来藏。

为了显明这种分别,所以又有道名言的建立,称为"心性"及"心法性",将心性作为识境,将心法性作为智境,二者双运,当然即是智识双运境,但却可以说心性以无异离为本性,以心性恒依心法性故;亦可以说心法性为无变异,以心法性不受心性所污染故。这样一来,便消除了依法界说如来藏或依心性说如来藏的分别。

经中的颂文，没有心法性这名言的施设，是故于此喻中，只依心性来说如来藏，由是当说"本性"时，便只强调智境的无变异性。本性与客尘相对，本性无变异，而客尘则可断除，这是观修如来藏的依据，所以这个比喻，与上面的比喻，有不同的喻义。

【藏文】rigs kyi bu dag gzhan yang 'di lta ste dper na / dbul po zhig gi khyim gyi nang gi mdzod kyi 'og gi sa la gter chen po dbyig dang gser gyis rab tu gang ba / mdzod kyi tshad tsam zhig mi bdun srid kyi sas yog pa'i 'og na yod la // gter chen po de mi dbul po de la 'di skad du / kye mi nga ni gter chen po ste / sas yog cing 'dug go zhes ni mi smra ste / 'di lta ste / gter chen po ni sems kyi ngo bo nyid kyis sems can ma yin pa'o // mi dbul po khyim gyi bdag po de ni dbul ba'i sems kyis rjes su sems shing de nyid kyi steng na rnam par rgyu yang / sa'i 'og na gter chen po yod pa de ma thos mi shes ma mthong ngo // rigs kyi bu dag de bzhin du sems can thams cad kyi mngon par zhen pa'i yid la byed pa khyim lta bur gyur pa'i 'og na / de bzhin gshegs pa'i snying po'i stobs dang / mi 'jigs pa dang / ma 'dres pa dang / sangs rgyas kyi chos thams cad kyi mdzod kyi gter chen po yod kyang / sems can de dag gzugs dnag /sgra dang / dri dang / ro dang / reg pa la chags pas sdug bsngal bas 'khor ba na 'khor te / chos kyi gter chen po de ma thos pas thob par ma gyur cing yongs su sbyang ba'i phyir brtson par yang mi byed do //

【新译】复次，善男子，譬如贫人家中地，有珍宝地库，纵广正等一俱卢舍（krośa），深七人（puruṣa）高，满藏金宝充满地库。此珍宝非是有情，故不能如有情作言以语此贫人：丈夫丈夫，我是大宝藏，埋藏于地下。

此贫丈夫虽为珍宝主，于其上行走往来，却不知不见藏于地下之珍宝，故仍自以为是贫人。

善男子，有情亦复如是，住于思维执著宅中，其下亦有大宝藏，是即如来性，具〔十〕力、〔四〕无畏、〔十八〕不共法与及诸佛法。

以有情著于色、声、香、味、触中，由是轮回受苦。如同不闻大宝藏语，以不闻故，不得取〔佛〕法而成清净。

【藏文】rigs kyi bu dag de nas de bzhin gshegs pa 'jig rten du byung ste / byang chub sems dpa'i nang du 'di lta bu'i chos kyi gter chen po yang dag par rab tu ston to // de dag kyang chos kyi gter chen po de la mos nas rko ste / de'i phyir 'jig rten na de bzhin gshegs pa dgra bcom pa yang dag par rdzogs pa'i sangs rgyas rnams shes bya ste / chos kyi gter chen po lta bur gyur nas / sems can rnams la sngon ma byung ba'i gtan tshigs kyi rnam pa dang / dpe dang / byed pa'i gtan tshigs dang / bya ba rnams ston pa gter chen po'i mdzod kyi sbyin bdag chags pa med pa'i spobs pa dang ldan zhing / stobs dang / mi 'jigs pa dang / sangs rgyas kyi chos mang po'i mdzod du gyur pa yin no // rigs kyi bu dag de ltar de bzhin gshegs pa dgra bcom pa yang dag par rdzogs pa'i sangs rgyas kyang de bzhin gshegs pa'i mig shin tu yongs su dag pas / sems can thams cad de lta bur mthong nas / de bzhin gshegs pa'i ye shes dang / stobs dang / mi 'jigs pa dang / sangs rgyas kyi chos ma 'dres pa'i mdzod yongs su sbyang ba'i phyir / byang chub sems dpa' rnams la chos ston to //

【新译】善男子，如来出现世间，于菩萨众中，开示大宝藏法。彼胜解此大宝藏法，即便掘取。以其已成为如佛之大宝法藏，故能辩才无碍教导有情，如理而作，所作成办，由是〔菩萨〕住如来应供正遍知，为世间法藏。如同以大宝藏布施，菩萨以先未曾有之言说，〔布施〕种种佛法，以及力、无畏等。

　　善男子，如来应正等觉，以如来极清净眼，见一切有情如是，故为菩萨众说法，令一切有情〔如来〕藏清净，此藏本具佛智、力、无畏、不共法等。

【藏文】de nas de'i tshe bcom ldan 'das kyis tshigs su bcad pa 'di dag bka' stsal to //

ji ltar dbul po'i khyim gyi 'og logs na //
dbyig dang gser gyis gang ba'i gter yod pa //
de la g.yo ba'am rlom sems yod min te //
nga ni khyod kyi yin zhes de mi smra //

de yi tshe na sems can khyim bdag de //
dbul bar gyur la rnam par mi shes shing //
sus kyang de la bsnyad pa med pas na //
dbul po de ni de yi steng na 'dug //

de ltar ngas ni sangs rgyas mig gis su //
sems can de dag thams cad dbul 'dra la //
de dag rnams la gter chen yod pa dang //
g.yo ba med cing bde gshegs lus su mthong //

ngas ni de mthong byang chub sems dpa' la //
khyod kyis nga yi ye shes mdzod zung la //
dbul ba med cing 'jig rten mgon gyur dang //
bla med chos gter 'gyur bar gyis shes bstan //

gang dag ngas bstan pa la mos gyur pa //
sems can de dag kun la gter yod do //
gang dag mos nas bdag nyid rtsol byed pa //
de dag myur du byang chub mchog thob 'gyur //

【新译】尔时世尊以偈颂言：

譬如贫家地下宝　金宝充满在其中
金宝不动无思维　不能说是汝所有

如是有情为屋主　却成贫苦受困乏
不自知亦无人说　贫人长此住宝上

如是若以佛眼见　一切有情具宝藏
即是善逝无动身　有情依旧住苦恼

见已故对菩萨说　汝应掘取佛智宝
得成无上法宝藏　离贫成为世依怙

若于我说能信解　一一有情皆宝藏
具信精勤方便行　即能疾证最胜觉

【新疏】疏上面三段新译。

在这里，说出菩萨的轮回因，即作意（思维）、执著于色、声、香、味、触等五欲，由是有情不知自身即是宝藏。

于此须知，凡有情作意，皆依名言显现而作意。例如说"山"，有情心中即有依名言而成的"山"此心行相，这便是，于说"山"时，其实已作意于"山"的名言，由此作意而成心行相。经文中说贫人不知地下宝，即由于不能依作意思维而知，由是须依菩萨说法而知自身即具大宝藏。

于经文中，佛说，佛向菩萨说法，然后由菩萨教导有情。为什么不说为由佛直接教导有情呢？这是因为有情恒常住于作意与执著，所以即使佛说——有情皆大宝藏，有情亦无法掘取此宝藏，因为他未离作意与执著故。若菩萨依佛教法，先教导有情如何离作意与执著，那么，有情于出离世间时（即离作意与执著时），即能由信解而掘取宝藏。这掘取的过程相当漫长，在《圣入无分别总持经》中，说宝藏有四重，初为银藏，次为金藏，更次为宝藏，至第四重始为摩尼宝藏。佛说一切有情所具的如来藏，即是摩尼宝藏，以掘取为喻，菩萨教导有情的便是重重掘取的善巧方便，所以即有种种法异门，如声闻、唯识、中观等教法。这即是说，菩萨于教导法异门时，其实已通达如来藏，因此于说法异门时，亦不违反如来藏教法。由此可知，法异门的宗见，只能是善巧方便，非是究竟，中观应成派不立宗见，藏密宁玛派不立二谛，便是怕学人落于宗见，误将宗见作为究竟。

【藏文】rigs kyi bu dag gzhan yang 'di lta ste / dper na / shing a mra'i 'bras bu 'am / 'dzam bu'i 'bras bu 'am / ta la'i 'bras bu 'am / spa'i 'bras bu yang rung ste / phyi shun gyi sbubs kyi nang na // myu gu'i sa bon chud mi za ba'i chos can yod pa gang gis sa la btab na / shing gi rgyal po chen por 'gyur ro // rigs kyi bu dag de bzhin du de bzhin gshegs pa yang 'jig rten na gnas pa 'dod chags dang / zhe sdang dang / gti mug dang / sred pa dang / ma rig pa'i nyon mongs pa'i phyi shun gyi sbubs kyis kun tu dkris par mthong ngo //

de la 'dod chags dang / zhe sdang dang / gti mug dang / sred pa dang / ma rig pa'i nyon mongs pa'i sbubs kyi nang na snying por gyur pa de bzhin gshegs pa'i chos nyid de ni sems can zhes bya ba'i ming du chags so // de la gang bsil bar gyur pa de ni mya ngan las 'das pa ste / ma rig pa'i nyon mongs pa'i sbubs yongs su sbyangs pa'i phyir / sems can gyi khams kyi ye shes chen po'i tshogs su gyur pa gang yin pa de ni rnyed pa'o // sems can gyi khams kyi ye shes chen po'i tshogs dam pa de ni / de bzhin gshegs pa ji lta ba de bzhin du smra bar lha dang bcas pa'i 'jig rten gyis mthong nas / de bzhin gshegs pa zhes bya ba'i 'du shes su byed do // rigs kyi bu dag de la de bzhin gshegs pas de ltar mthong nas / byang chub sems dpa' sems dpa' chen po rnams la / de bzhin gshegs pa'i ye shes khong du chud par bya ba'i phyir don de nye bar ston to //

【新译】复次，善男子，譬如庵摩罗果（amra）、瞻部果（jambu）、多罗树果（tāla）、藤树果（vetra），于外壳中有具无变异性种子、芽①，若种于地，

---

① 这里说无变异性，不是说种子不可成芽，芽不可成树，而是说此果种子不能成彼果树。

可成大树王。

善男子,如是如来,见住于世间者,皆为贪、瞋、痴、欲、无明外壳所裹,于中如来法性住于〔如来〕藏中。若成清凉,即是涅槃。由于无明烦恼壳得清净故,即令有情界成大智聚。于天人世间,见有情界中,亦具足有如如来之无上大智聚。能如是见者即是如来。

善男子,为令得如来智故,以如是如来见向菩萨宣说。

【藏文】 de nas de'i tshe bcom ldan 'das kyis tshigs su bcad pa 'di dag bka' stsal to //

    ji ltar spa yi 'bras bu thams cad ni //
    nang na spa yi myu gu yod pa ste //
    ta la dang ni 'dzam bu kun la 'ang yod //
    nang na yod pa'i 'bras bu bskyed na skye //

    de bzhin chos kyi dbang phyug 'dren pa yang //
    sems can thams cad spa yi sa bon 'dra //
    de kun nang na bde gshegs lus yod par //
    zag med sangs rgyas mig gi dam pas mthong //

    sbubs bshig ma gyur de ni sems can brjod //
    mi shes nang na gnas kyang rlom sems med //
    ting 'dzin thob ste gnas nas rab zhi ste //
    de la g.yo ba ci yang yod ma yin //

    dper na sdong chen sa bon las byung ltar //
    sems can 'di dag ji ltar 'tshang rgya zhing //
    lha dang bcas pa'i 'jig rten skyabs 'gyur zhes //
    yongs su sbyang ba'i don tu chos gtam smra //

【新译】 尔时世尊以偈颂言：

    譬如藤实生藤芽　　余诸果实亦如是
    若令发芽及生长　　是则可以得其果

一切诸法自在王① 以佛无上无漏眼
见诸有情无一余 具善逝身如种子

种壳不坏名有情 无明中佛非虚妄②
住于定时成寂静 无论如何皆不动

有情如何得证觉 犹如种子成大树
为清净故我说法 当为人天共皈依

---

① "一切法自在王",对应梵文为:aśeṣa-dharmeśvara。唐译"我见悉无余",实为意译。晋译未译此词。
② 原句无"佛"字,仅云"住于无明中亦不成虚妄",其意即指佛种性虽住无明,亦不成虚妄。

【新疏】疏上面两段新译。

经文强调,不只人世间的有情有如来藏,即天人世间的有情亦有如来藏,这样便显示出宗教性。颂文说"当为人天共皈依",实有密意。

如《维摩经》言,由六十二种邪见入道。此处说邪见,即是说外道宗教见。又如说如来藏诸经,常说外道见亦为先佛所说,此中实有两种密意:一者,外道的言说只是识境,然而识境与智境从不异离,所以外道言说的本性亦可以说是法性,于不落名言而见外道法时,外道法的本质便亦是佛法。二者,在释迦牟尼的时代,所指外道,当然是以印度教诸宗派为主。印度教以梵天、大自在天、那罗延天为崇拜对象,因此说"人天皈依",即是说梵天等亦应皈依于佛法。根据此理,佛家才可以建立人天乘,即由人天乘亦可以次第而证如来藏。

上面两种密意,皆具大平等性,可以说为:外道法与佛法平等;外道与佛平等。这便是本段经文的主旨,下面的经文对此更有发挥。

白螺

【藏文】 rigs kyi bu dag gzhan yang 'di lta ste dper na / skyes bu dbul po zhig la / de bzhin gshegs pa'i gzugs rin po che sna bdun las byas pa // lag mthil tsam zhig yod la / de nas skyes bu dbul po des / de bzhin gshegs pa'i gzugs de khyer te / 'brog dgon pa las skin tu 'da' bar 'dod par gyur nas // ci nas kyang de gzhan gyis mi tshor zhing / rkun pos mi khyer bar bya ba'i phyir / des de ras rul pa dri mi zhim pa'i dum bu du mas dkris te / de nas skyes bu de 'brog dgon pa de nyid du nyes pa gang gis kyang 'chi ba'i dus byas par ma gyur la / de'i de bzhin gshegs pa'i gzugs rin po che las byas pa / ras rul pa'i dum bus dkris pa yang rdog lam de na 'phyan cing 'dug pa dang / 'dron po rnams kyis ma shes nas / 'goms shing 'goms shing dong la // ras rul pa dri mi zhim pa'i dum bu'i thum bu kun tu 'dril ba 'di gang nas rlung gis bdas shes smad pa'i dngos por yang ston pa dang / 'brog na gnas pa'i lhas lha'i mig gis rnam par bltas nas / mi gzhan dag cig la bstan te / kye skyes bu dag ras kyi dum bu'i thum bu 'di'i nang na / de bzhin gshegs pa'i gzugs rin po che las byas pa / 'jig rten thams cad kyis phyag bya bar 'os pa yod kyis phye shig ces bsgo'o //

【新译】 复次，善男子，譬如贫人有如来像，大如一掌，由七宝所成，于此贫人持如来像欲过险野时，不欲人见此宝像而被偷盗劫掠，乃以腐烂破布包裹。其后，此人以灾难故于途中死去，此由破布所裹之如来像便遗于路中，行人不断往来跨越此像，唯指此像言："此堆腐烂破布从何而来？"于如来像实未留意。

时方野中住有天人，由天眼见，当指以告行人言："丈夫，此堆破布中有珍宝所成如来像，当为世间所应敬礼，汝可解而取之。"

113

【藏文】 rigs kyi bu dag de bzhin du de bzhin gshegs pa yang sems can thams cad nyon mongs pa'i dkri bas dkris te / smad pa'i 'os su gyur cing / yun ring por 'khor ba'i 'brog dgon pa na kun tu 'khyam par mthong ste / rigs kyi bu dag tha na dud 'gro'i skye gnas su song ba rnams kyang rung ste / sems can nyon mongs pa sna tshogs kyi dkri bas dkris par gyur pa rnams kyi nang na yang de bzhin gshegs pa'i lus nga ci 'dra ba yod pa mthong ngo // rigs kyi bu dag de la de bzhin gshegs pa ni / ji ltar de bzhin gshegs pa'i ye shes mthong ba / nye ba'i nyon mongs pa dang bral zhing / yongs su dag par gyur la / ji ltar da ltar nga bzhin du 'jig rten thams cad kyis phyag bya ba'i 'os su 'gyur snyam nas / nyon mongs pa'i dkri bas dkris pa las thar bar bya ba'i phyir / byang chub sems dpa' thams cad la chos ston to //

【新译】 如是，善男子，如来见一切有情为烦恼包裹，长于轮回险野中流转。善男子，种种烦恼包裹中之诸有情众，且有成为畜生者，悉皆有如来身如我无异。

善男子，云何〔有情之〕如来智见，得由不净而成清净，堪为一切世间供养，犹如于我？当知，如来以此法教导一切菩萨，即为令其能脱离烦恼缠。

【藏文】 de nas de'i tshe bcom ldan 'das kyis tshigs su bcad pa 'di dag bka' stsal to //

ji ltar dri nga smad par 'os rnams kyis //
yongs su dkris pa bde bar gshegs kyi gzugs //
rin chen byas pa ras dum dkris pa de //
lam gyi bar na bor te 'khyam gyur pa //

lha yi mig gis de ni mthong nas su //
lha des gzhan zhig la ni rab smras pa //
'di na de bzhin gshegs pa rin chen yod //
ras dum thum bu 'di ni myur du phye //

de bzhin nga yi lha mig 'di 'dra ba //
des ni sems can 'di dag thams cad kyang //
nyon mongs dkri bas dkris nas rab sdug bsngal //
'khor ba'i sdug bsngal gyis ni rtag gtses mthong //

ngas ni nyon mongs dkris pa'i nang dag na //
rgyal ba'i sku ni mnyam par bzhag gyur la //
de ni g.yo ba med cing mi 'gyur yang //
de yongs thar byed gang yang med par mthong //

ngas mthong de nas skul ma btab pa ni //
byang chub mchog tu gang dag zhugs pa nyon //
de ltar sems can chos nyid 'di 'drar rtag //
'di na yongs su dkris pa'i rgyal ba bzhugs //

bde bar gshegs kyi ye shes yongs bkrol nas //
gang tshe nyon mongs thams cad rab zhi ba //
de tshe 'di ni sangs rgyas ming thob ste //
lha dang mi rnams sems ni rab tu dga' //

【新译】尔时世尊以偈颂言：

譬如有此善逝像　　虽然珍宝所造成
却为腐烂破布裹　　弃于旷野险恶处

天人以彼天眼见　　即以告之与路人
此破布中有宝像　　当速解除此破布

我见如彼天眼见　　观见有情无一余
为烦恼缠所包裹　　长时逼恼轮回苦

于烦恼缠中我见　　有胜智身极安稳
无有动摇与变异　　然而无人能解缠

如是见已即劝喻　　住胜觉者且谛听
有情本性常如是　　具烦恼裹胜智佛

解脱即便见佛智　　一切烦恼得清净
此时即可名为佛　　诸人天众心欢喜

【新疏】疏上面三段新译。

经文用特笔点明,"种种烦恼包裹中之诸有情众,且有成为畜生者",那是为了显示六道平等,此于上面疏文中已有说明。所以颂文说:"有情本性常如是,具烦恼裹胜智佛"。以平等故,是即六道有情都具足胜智佛。更说人天欢喜,亦是为了说平等性。

对于清净大平等性,可以说是自然智性、根本智性、佛内自证智性。也即是说,佛内自证智即是清净大平等性。说为清净,是因为出离一切世间的名言与句义;说为大平等,是因为一切时空的有情悉皆平等,都具有佛性,这佛性,于颂文中便说名为"胜智佛",用"胜智"一词来代表佛内自证智。

本段经文实承接上段经文而来,以说大平等性为主旨,下面经文亦然。

尊胜幢

【藏文】 rigs kyi bu dag gzhan yang 'di lta ste dper na / bud med mgon med par gyur pa / mdog ngan pa / dri mi zhim pa / smad par 'os pa / 'jigs su rung ba / blta na mi sdug pa / 'dre mo 'dra ba zhig mgon med pa'i khang par zhugs nas gnas so // de der gnas pa dang sbrum mar gyur te / gang gis gdon mi za bar 'khor los sgyur ba'i rgyal srid byed par 'gyur ba'i sems can de 'dra ba zhig de'i mngal du zhugs kyang / bud med de mngal na 'dug pa'i sems can de la bdag gi mngal du zhugs pa'i sems can 'di ci 'dra ba zhig snyam du yang yid la mi byed / bdag gi mngal du zhugs sam / ma zhugs snyam pa yang de de na yid la mi byed kyi / gzhan du na de dbul ba'i sems dang / zhum pa dang / dman pa dang / kho ru chung ba snyam pa'i sems rjes su sems shing / mdog ngan pa dang / dri mi zhim pa nyid kyis mgon med pa'i khang pa na gnas te / dus 'da' bar byed do //

【新译】 复次，善男子，譬如有一孤独女人，形貌可厌，且有恶臭，可憎可怖，如毕舍支（piśācī），住于偏远鄙陋屋。于住此时，偶然怀孕。虽有有情于胎宫生起，决定为转轮王，然此女人，则对此胎宫中有情无所知，更不知是何种姓入我胎宫①。唯自念贫困忧苦，下劣羸弱，我形丑陋，寄居偏远鄙陋之屋。

---

① 此处译文有改动，如依藏译，则应译为"是否有有情入我胎宫"，今依汉译改。

【藏文】rigs kyi bu dag de bzhin du sems can thams cad kyang mgon med par gyur cing / 'khor ba'i sdug bsngal gyis gtses par gyur la / srid par skye ba'i gnas mgon med pa'i khang pa na gnas so // de nas sems can rnams la de bzhin gshegs pa'i rigs zhugs te / khong na yod kyang sems can de dag gis khong du ma chud do // rigs kyi bu dag de la de bzhin gshegs pa ni sems can dag bdag nyid la khyad du mi gsad par bya ba'i phyir / rigs kyi bu dag khyed bdag nyid sro shi bar ma byed par khyed brtson 'grus brtan par gyis shig dang / khyed la de bzhin gshegs pa zhugs pa yod pa dus shig na 'byung bar 'gyur te / khyed byang chub sems dpa' zhes bya ba'i grangs su 'gro bar 'gyur gyi / sems can zhes bya bar ni ma yin no // der yang sangs rgyas shes bya ba'i grangs su 'gro'i / byang chub sems dpa' zhes bya bar ni ma yin no zhes chos ston to //

【新译】如是,善男子,一切有情亦无依怙,为轮回苦所迫恼,流转〔三〕界,有如寄居偏陋屋。然而如来藏依然入于有情而成种姓,唯有情不觉而已。

善男子,为令有情更不自欺,故如来为彼说如是法:"善男子,莫自轻鄙,是当精进,汝终能见如来于心中显现,由是而成菩萨,更非凡夫;复能成佛,更非菩萨。"

【藏文】de nas de'i tshe bcom ldan 'das kyis tshigs su bcad pa 'di dag bka' stsal to //

ji ltar bud med mgon med gyur pa zhig //
kha dog ngan cing gzugs ni mi sdug la //
byis pa yin te mgon med khang par gnas /
re shig dus na de ni der sbrum gyur //

de yi mngal du gang zhig nges par ni //
'khor los sgyur ba'i rgyal po che ba nyid //
rin chen rnams kyis 'phags pa gling bzhi yi //
bdag po byed par 'gyur ba de 'dra zhugs //

bud med byis pa de ni 'di lta bur //
mngal du zhugs sam ma zhugs mi shes la //
mgon med khang pa na ni gnas byed de //
dbul ba snyam du sems shing dus 'da' byed //

de bzhin ngas ni sems can thams cad kyang //
mgon med gyur la sdug bsngal chos kyis nyen //
khams gsum pa yi bde ba chung la gnas //
nang na chos nyid mngal 'dra yod par mthong //

de 'dra mthong nas byang chub sems dpa' la //
'jig rten phan par byed pa mngal gnas na //
sems can kun gyis chos nyid ma shes kyis //
bdag dman 'du shes ma skyed cig ces bstan //

khyed cag brtson 'grus brtsam pa brtan gyis dang //
rang lus ring por mi thogs rgyal bar 'gyur //
dus zhig byang chub snying po thob gyur nas //
srog chags stong phrag bye ba grol byed 'gyur //

【新译】尔时世尊以偈颂言：

譬如愚妇无依怙　形容丑恶令人厌
寄居偏远鄙陋处　或时忽然得成孕

入于彼之胎宫者　决定可成转轮王
具大威德与七宝　四大部洲主宰者

然而愚妇却不知　入于胎者即如是
依然处身鄙劣处　长时贫苦以度日

如是我见诸有情　无依怙且受迫恼
寄身三界耽少乐　身有法性如胎藏

如是见已教菩萨　一切有情具法性
胎中世利且光明①　不应自居于卑下

故应坚固而精进　不久当成胜利王
瞬间当坐菩提场②　解脱无量有情众

---

① "胎"，藏：mngal，此处以愚妇有转轮王胎作喻，说有情具法性，成如来藏，此法性即有如如来胎。

② "菩提场"，藏：byang chub snying po，对应梵文为bodhimaṇḍa。原意为"佛坛城"，可引申为成佛之处。

【新疏】疏上面三段新译。

此处经文依然说大平等性,但是对不净地菩萨而说,所以经文与颂文中,佛说法的对象皆是不净地菩萨。不净地菩萨常常耽于所住之地,不欲舍离,主要是自生卑劣想,不敢成佛,并不是对自己所住之地自满,所以经中即以愚丑妇怀转轮王胎作喻,令不净地菩萨敢于精进,断除卑劣想。

颂文"藏中世利且光明"一句,是说如来藏性。如来藏既是智识双运的境界,所以就具有识境的世间利益,以及智境的光明。这句颂文亦针对不净地菩萨而说,不净地菩萨常作意于光明,亦作意于世间利益,颂文则说,此二者本来俱足,不假修习而成,由是即须通达如来藏,依如来藏见地作抉择与决定而成现证。

法轮

【藏文】rigs kyi bu dag gzhan yang 'di lta ste dper na / spra tshil las rta'i gzugs sam / glang po che'i gzugs sam / bud med kyi gzugs sam / skyes pa'i gzugs dag cig byas te / 'jim pa'i nang du bcug nas g.yogs la bzhu ste / zags par byas la gser bzhu ste / zhu bar gyur pas bkang na / rim gyis grangs par gyur nas / mnyam par gnas par gyur pa'i gzugs de dag thams cad phyi rol gyi 'jim pa gnag cing kha dog mi sdug kyang / nang gi rnams ni gser las byas pa dag go // de nas mgar ba 'am / mgar ba'i slob ma zhig gis / de las gzugs gang dang gang dag grangs par gyur par mthong ba de dang de dag gi phyi rol gyi 'jim pa tho bas bkogs na / de nas skad cig de la nang na gser las byas pa'i gzugs yod pa dag yongs su dag par 'gyur ro //

【新译】复次，善男子，譬如以蜡作马形、象形、男形、女形，泥裹其外以成模，炙干，于是加热，倾去其蜡，乃烧熔真金倾注模内，候其冷已，金像即成。如是次第，金像于模内即如规范，其外则为黑泥。

如是，工匠或工匠学徒，见泥模已冷，即以锤去金像外黑泥，金像于模内即彻底清净。

【藏文】rigs kyi bu dag de bzhin du de bzhin gshegs pa yang / de bzhin gshegs pa'i mig gis sems can thams cad 'jim pa'i gzugs lta bu yin la / phyi rol gyi nyon mongs pa dang / nye ba'i nyon mongs pa'i sbubs kyi nang gi sbu gu sangs rgyas kyi chos kyis gang ste / zag pa med pa'i ye shes rin po che'i nang na / de bzhin gshegs pa mdzes par 'dug par mthong ngo // rigs kyi bu dag de la de bzhin gshegs pas sems can thams cad de ltar mthong nas / byang chub sems dpa'i nang du song ste 'di lta bu'i chos kyi rnam grangs 'di dag yang dag par rab tu ston to // de la byang chub sems dpa' sems dpa' chen po gang dag zhi zhing bsil bar gyur pa de dag gi de bzhin gshegs pa'i ye shes rin po che yongs su sbyang ba'i phyir / de bzhin gshegs pa chos kyi rdo rje'i tho bas phyi rol gyi nyon mongs pa thams cad 'gogs so // rigs kyi bu dag mgar ba zhes bya ba de ni de bzhin gshegs pa'i tshig bla dags so // rigs kyi bu dag de bzhin gshegs pa dgra bcom pa yang dag par rdzogs pa'i sangs rgyas kyis / sangs rgyas kyi mig gis sems can thams cad de ltar mthong nas / nyon mongs pa de dag las thar par byas te / sangs rgyas kyi ye shes la rab tu dgod pa'i phyir chos ston to //

【新译】如是，善男子，如来以如来眼见一切有情，烦恼与随烦恼壳中，有无漏佛智宝，如来端严，一如泥模中空处有像。

善男子，既见一切有情如是，如来即对菩萨众，究竟说此法门，菩萨摩诃萨得寂静清凉；如来为彼有情，以法金刚锤（dharma-vajra-mudgara）去除其外烦恼，令如宝如来藏得清净。

善男子，说为工匠者，比喻如来。善男子，于如来应正等觉，以佛眼见一切有情如是已，为有情说法，于如来智中极善建立有情①，令彼于烦恼中解脱。

---

① 极善建立，藏：rab tu dgod pa. 此即谓于智境上建立有情界。

【藏文】 de nas de'i tshe bcom ldan 'das kyis tshigs su bcad pa 'di dag bka' stsal to //

ji ltar gzugs ni phyi rol 'jim bas g.yogs //
nang ni sbu gu yod cing gsog yin pa //
rin chen bzhus pas rab tu bkang na ni //
brgya stong phrag ni mang por 'gyur ba yin //

mgar bas shin tu grangs par gyur shes nas //
'di ltar rin chen las ni byas pa 'di //
rnam dag gzugs 'gyur las gang bya snyam ste //
gzugs la g.yogs pa'i 'jim pa 'gogs par byed //

de bzhin ngas ni sems can thams cad kyang //
gser gzugs 'jim pas g.yogs pa 'dra ba ste //
phyi rol shun pa nyon mongs sbubs yin la //
nang na sangs rgyas ye shes yod par mthong //

de la byang chub sems dpa' gang dag ni //
zhi zhing shin tu bsil bar gyur pa dag //
gang gis de dag nyon mongs ma lus 'byin //
chos kyi lag chas de la 'gogs par byed //

【新译】 尔时世尊以偈颂言：

譬如铸像泥作模　模内中空无所有
烧熔真金注令满　即成百千真金像

匠人知待铸像冷　则破覆盖金像泥
如是外泥内真金　终成清净真金像

我见有情无一余　犹如金像在泥模
外壳即如烦恼缠　于中具足如来智

如来以法作器具　击破清除其烦恼
菩萨寂静及清凉　烦恼断除更无余

【藏文】rin chen gzugs ni blta na sdug pa ltar //
rgyal sras gang zhig 'dir ni dag gyur pa //
stobs bcu dag gis lus rnams yongs gang ste //
lhar bcas 'jig rten 'di na mchod par 'gyur //

ngas ni srog chags thams cad de ltar mthong //
byang chub sems dpa' 'ang ngas ni de ltar mthong //
de ltar dag pa bde bar gshegs 'gyur te //
bde gshegs dag ni sangs rgyas tshul ston to //

【新译】　　　　　佛子如是成清净　犹如可爱真金像
　　　　　　　　身相圆满具十力　应受人天之供养

　　　　　　　　如是我见诸有情　如是我见诸菩萨
　　　　　　　　成善逝成净善逝　教导佛所转法轮

【新疏】疏上面四段新译。

因为是对清净地菩萨作喻,所以便将如来藏法门比喻为法金刚锤。净地菩萨已经证智,但每地都有二种愚,一种粗重。这粗重,可以说是心理负担,心理负担则由愚而成。所谓愚,即是每地菩萨对地上现证的执著,他们或有害怕失去此现证者,因不敢舍离,便成执著,由是说此为愚。

所谓舍离,并不是放弃,亦不是作意遣除,而是任其自然而尽。譬如八地菩萨,于证九地时,八地的现证便自然而尽,并不是因为作意遣除了八地的现证才能证入九地。但是,于执持八地现证时,或作意遣除此现证时,这现证便成为烦恼,覆盖如来藏,有如泥模覆盖金像。是故,如何净治如来藏,便成为净地菩萨的难处。因此在比譬中,才须要说用法金刚锤来净治。

观修如来藏,通达七种金刚空性非常重要。此说金刚空性,即是智识双运境的"非空非非空",亦即以"非空非非空"此中道,成立金刚空性,于说空性,金刚空性最为究竟,因为这是如来法身与如来法身功德双运性,也可以说是根本智与后得智双运性,施设名言为空性。净地菩萨于金刚空性中次第现证,然后才能究竟证入智识双运的境界。如果拿荧光屏来比喻,那就是,住在荧光屏中的人,现证自己所住的荧光屏及其功能。简言之,若欲证入双运境,必须先入双运智。经中的比喻,其实就是比喻这点道理。

不妨更说此喻。铸金像先要成立蜡模,铸成之后的金像形状跟蜡模无异,这是什么表义呢?蜡模比喻识境,金像比喻智境,因此二者可以说为不一不异,这恰恰就是智识双运界了。所以在了义佛经中,说外道即是佛法,说魔即是佛,说一切众生皆是如来,那便等于说蜡像有如金像。明白这重意思,便知道这重比喻的密意。

【藏文】de nas bcom ldan 'das kyis byang chub sems dpa' rdo rje'i blo gros la bka' stsal pa / rdo rje'i blo gros rigs kyi bu 'am / rigs kyi bu mo khyim pa 'am / rab tu byung ba yang rung ste / gang zhig de bzhin gshegs pa'i snying po'i chos kyi rnam grangs 'di 'dzin pa dang / 'chang ba dang / klog pa dang / kun chub par byed pa dang / glegs bam du byas te 'jog pa dang / gzhan dag la yang rgya cher 'chad pa dang / yang dag par rab tu ston pa de bsod nams mang du skyed par 'gyur ro //

【新译】尔时,世尊告金刚慧菩萨摩诃萨言:金刚慧,若出家在家善男子善女人,领受此如来藏法门,受持、读诵、令得究竟,且书写编集经卷,为他人广说,即生无量功德。

【藏文】 rdo rje'i blo gros yang byang chub sems dpa' gzhan gang zhig de bzhin gshegs pa'i ye shes bsgrub pa'i phyir brtson par gyur la / 'jig rten gyi khams re rer yang sangs rgyas thams cad la yang mchod pa'i phyir / rdzu 'phrul bsgrubs nas 'di lta bu'i ting nge 'dzin la snyoms par zhugs te / ting nge 'dzin gyi stobs bskyed pa des sangs rgyas kyi zhing bye ba khrag khrig 'bum phrag gangga'i klung gi bye ma bas kyang mang ba rnams su / gang gā'i klung gi bye ma bas kyang mang ba'i sangs rgyas bcom ldan 'das byang chub sems dpa' rnams dang bcas pa / nyan thos kyi dge 'dun dang bcas pa bzhugs shing gnas pa'i de bzhin gshegs pa re re la yang khang pa brtsegs pa / dus su bde ba / rgyar dpag tshad tsam la / 'phang du dpag tshad bcu pa / rin po che thams cad las byas pa / lha'i dri zhim po dang ldan pa / me tog sil ma sna tshogs bkram pa / longs spyod kha na ma tho ba med pa thams cad dang ldan pa / 'bum phrag gangga'i klung lnga bcu'i bye ma snyed nyin re zhing phul te / bskal pa 'bum du tshang ba'i bar du 'di lta bu'i mchod pa byed pa bas / rigs kyi bu 'am / rigs kyi bu mo gang gzhan zhig byang chub tu sems bskyed de / de bzhin gshegs pa'i snying po'i chos kyi rnam grangs 'di las dpe gcig tsam lus la 'chang ngam / glegs bam du gnas par byed na / rdo rje'i blo gros de'i bsod nams mngon par 'du byed pa de la / bsod nams mngon par 'du byed pa snga mas brgya'i cha dang / stong gi cha dang / 'bum gyi cha dang / grangs dang / cha dang / bgrang ba dang / dper yang nye bar mi 'gro ste / rgyur yang mi bzod do //

【新译】 金刚慧，或有菩萨为得现证如来藏，于一一世间无余供养诸佛，至得〔四〕神足后，即能得如是三摩地力，以此三摩地生起之力，得向多于恒河沙数之诸佛世尊中，现前一一如来，日日献供楼台；于多逾俱胝那庾多恒河沙数佛刹土，每季向菩萨及声闻众供养楼台。楼台宽深各一踰缮那,高十踰缮那,由诸杂宝而成,具足天香,散种种天花,成办种种受用之具。如是历百千劫,供养多于五十百千恒河沙数,如是而成供养。

若有善男子善女人,发菩提心,或在于身,或在经卷,或于如来藏经仅取其一喻,金刚慧,前者所积功德,不及此所积功德百分之一、千分之一、百千分之一、任何数量分之一、任何算数分之一,是实无可比量。

【藏文】 rdo rje'i blo gros yang byang chub sems dpa' gang sangs rgyas kyi chos yongs su tshol bas / sangs rgyas bcom ldan 'das de dag las de bzhin gshegs pa re re la yang bskal pa 'bum tshang gi bar du / shing man da ra ba'i me tog khal bzhi pa 'bum 'thor la // rdo rje'i blo gros dge slong ngam / dge slong ma 'am / dge bsnyen nam / dge bsnyen ma zhig gis / byang chub tu sems bskyed de / de bzhin gshegs pa'i snying po'i chos kyi rnam grangs 'di thos nas / thal mo lhan cig sbyar te / rjes su yi rang ngo zhes tshig gcig smras na / rdo rje'i blo gros bsod nams mngon par 'du bya ba dang / dge ba mngon par 'du bya ba de la me tog dang / me tog phreng phul ba dang ldan pa / de bzhin gshegs pa la bzhag pa'i bsod nams mngon par 'du bya ba dang / dge ba mngon par 'du bya ba snga ma des / brgya'i cha dang / stong gi cha dang / 'bum gyi cha dang / grangs dang / cha dang / bgrang ba dang / dper yang nye bar mi 'gro ste / rgyur yang mi bzod do //

【新译】 如是，金刚慧，菩萨欲求此佛法，依诸佛世尊一一如来，以四百千斛曼陀罗花作供养，如是历满百千劫。金刚慧，若比丘、比丘尼、居士男、居士女，欲求菩提，于闻如来藏法门后，合掌而言曰：我作随喜。前供花者、供花鬘者之功德，与此积集之功德，不及其百分一、千分一、百千分一、任何数量分一、任何算数分一，所积集功德福德皆无可比量。

【藏文】 de nas de'i tshe bcom ldan 'das kyis tshigs su bcad pa 'di dag bka' stsal to //

sems can la la gang zhig byang chub la //
mos pa bskyed nas di nyan 'dzin pa 'am //
yi ger 'dri 'am glegs bam gzhag byed cing //
gus dang bcas pas tshigs bcad gcig bshad dam //

de bzhin gshegs pa'i snying po 'di thos nas //
gang zhig byang chub mchog 'di tshol byed na //
bsod nams phung po ji tsam skyed 'gyur ba //
de yi phan yon 'dir ni mnyan par gyis //

rdzu 'phrul stobs mchog 'di la gnas nas su //
dpa' bo bskal pa dag ni stong bar du //
phyogs bcu rnams su mi yi gtso bo dag //
nyan thos bcas pa rnams la sti stang byed //

ji ltar gangga stong mang bye ba bas //
de bas lhag pa bsam gyis mi khyab pa'i //
gzhal med khang mchog rin chen las byas pa //
'jig rten slob dpon re re la yang phul //

de dag 'phang du dpag tshad bcu yod la //
chu dang rgyar ni dpag tshad gcig yod pa //
spos dang bdug pa dag dang rab ldan la //
de na rin chen las byas khri bshams shing //

【新译】尔时世尊以偈颂言：

若有人乐求菩提　　闻此经典而受持
乃至书写成经卷　　即或仅能说一偈

或然闻受如来藏　　其人即求胜菩提
于彼闻法之功德　　有大福德藏生起

若丈夫住神通力　　顶礼供养人中尊
以及十方声闻众　　乃至于满一千劫

世间导师无一余　　皆向献供妙宝楼
经历无数恒沙劫　　其数实在不思议

宝楼高十踰缮那　　一踰缮那之深广
涂香烧香胜庄严　　于中更敷设宝座

【藏文】dar dang bcos bu'i ras ni brgya bting ba'i //
khri dag dang ni khri stan gzhan rnams kyang //
ji ltar gangga'i klung bzhin dpag med pa //
rgyal ba gcig la dbul ba byas gyur la //

rgyal ba gang dag 'jig rten khams bzhugs pa //
ji ltar gangga'i bye ma bas mang ba //
rgyal ba de dag rnams la de ltar phul //
kun la gus par mchod pa byed pa bas //

mkhas pa gang zhig mdo sde 'di thos nas //
dpe gcig tsam zhig yang dag 'dzin byed dam //
bzung nas mi 'ga' zhig la 'chad byed na //
de ni de bas bsod nams phung po mang //

dpa' bos bzung ba'i bsod nams 'di la ni //
cha dang dper yang de ni nyer mi 'gro //
srog chags dag ni kun gyi skyabs 'gyur zhing //
de ni myur du byang chub mchog 'tshang rgya //

de bzhin gshegs kyi snying po 'dra yod pa //
sems can dag ni kun gyi chos nyid 'di //
byang chub sems dpa' mkhas pa gang sems pa //
de ni rang byung sangs rgyas myur du 'gyur //

【新译】　　宝座以及诸肩舆　皆敷丝缯逾百数
　　　　　如恒河沙数无量　献于一一诸佛前

住于世间胜智佛　　其数多于恒河沙
皆献供以妙宝楼　　怀感恩心而承事

然而智者闻此经　　只持一喻而正行
或行或解教他人　　福德胜于前福聚

彼丈夫之福德量　　不及智者福一分
为诸有情作依怙　　疾速现证无上觉

具智菩萨能思维　　此如来藏相应法
是诸有情之法性　　即疾证觉自然智

【新疏】疏上面五段新译。

此处说算数,似乎很琐碎,其实亦有密意,因为在其他的经典中,很少用这样的算数来计量,由百分一,累数到千百分一,然后再说是任何数量分一,任何算数分一。再联系到上面经文,亦说"或经十年、或二十年、或三十年、或四十年、或五十年,以至千年",如是说并非啰唆,只是表义为实无算数,是即无数。

在了义经中,常说无量、无边、无数,其表义应理解为:超越于量、超越边际、超越于数,其含义便是超越识境。

【藏文】rdo rje'i blo gros rnam grangs 'dis kyang 'di ltar chos kyi rnam grangs 'di ji ltar byang chub sems dpa' sems dpa' chen po rnams la thams cad mkhyen pa'i ye shes bsgrub par 'gyur ba'i gces spras byed par rig par bya'o // rdo rje'i blo gros sngon byung ba 'das pa'i dus na / bskal pa grangs med pa shin tu rgyas pa / tshad med pa / bsam gyis mi khyab pa / mtshungs pa med pa / brjod du med pa / de'i pha rol bas kyang ches pha rol du gyur pa de'i tshe de'i dus na / de bzhin gshegs pa dgra bcom pa yang dag par rdzogs pa'i sangs rgyas rig pa dang zhabs su ldan pa / bde bar gshegs pa / 'jig rten mkhyen pa / skyes bu 'dul ba'i kha lo sgyur ba / bla na med pa / lha dang mi rnams kyi ston pa / sangs rgyas bcom ldan 'das rtag tu 'od zer gtong zhes bya ba 'jig rten du byung ngo //

【新译】金刚慧，以此法门，应知此经能究竟利益菩萨摩诃萨众，能引现证一切智智（sarvajñajñāna）故。

金刚慧，于过去无数广远不可计量不可思议不可比拟不可说劫，远超〔时间〕边际，尔时有出世如来应、正等觉，名常放光明（Sadāpramuktaraśmi）、善逝、世间解、调御丈夫、无上丈夫、天人师、佛、世尊。

【藏文】rdo rje'i blo gros ci'i phyir de bzhin gshegs pa de rtag tu 'od zer gtong zhes bya zhe na / rdo rje'i blo gros bcom ldan 'das de bzhin gshegs pa rtag tu 'od zer gtong de byang chub sems dpar gyur pa na // ma'i mngal du zhugs ma thag tu de ma'i mngal na 'dug bzhin du lus las 'od byung ste / shar phyogs su 'jig rten gyi khams 'bum phrag sangs rgyas kyi zhing bcu'i rdul phra rab kyi rdul snyed dag snang bas rtag tu khyab par gyur to // de bzhin du lho dang / nub dang / byang dang / shar lho dang / lho nub dang / nub byang dang / byang shar dang / 'og dang / steng gi phyogs dang / phyogs bcu'i 'jig rten gyi khams 'bum phrag sangs rgyas kyi zhing bcu'i rdul phra rab kyi rdul snyed dag snang bas rtag tu khyab par gyur te / byang chub sems dpa' de'i lus kyi 'od dga' bar 'gyur ba / sdug pa / mchog tu dga' ba byed pa / mgu bar 'gyur bas 'jig rten gyi khams 'bum phrag de snyed snang bas rtag tu khyab par gyur to //

【新译】金刚慧，何缘故，彼如来名常放光明？金刚慧，于世尊常放光明如来为菩萨时，入于母胎，处母胎中身放光明，东方十佛刹土微尘数百千世界皆普照耀。如是十方，余南、西、西南、西北、东南、东北，以及上、下，其百千世界，如十佛刹土微尘数，普常照耀。菩萨身适悦光普常照耀百千世界令生欢喜。

【藏文】rdo rje'i blo gros byang chub sems dpa' ma'i mngal na gnas pa de'i 'od kyis 'jig rten gyi khams 'bum de dag tu sems can gang dag la reg par gyur pa de dag thams cad gzi brjid dang ldan pa dang / kha dog dang ldan pa dang / dran pa dang ldan pa dang / blo gros dang ldan pa dang / rtogs pa dang ldan pa dang / spobs pa dang ldan par gyur to // 'jig rten gyi khams 'bum de dag na sems can gang dag sems can dmyal ba dang / dud 'gro'i skye gnas dang / gshin rje'i 'jig rten dang / lha ma yin rnams kyi nang du skyes par gyur pa de dag thams cad byang chub sems dpa' de'i 'od kyis reg pa tsam gyis rang gi 'gro ba dag nas shi 'phos te / lha dang mi rnams kyi nang du skyes so // de dag reg pa tsam gyis bla na med pa yang dag par rdzogs pa'i byang chub las phyir mi ldog par gyur to // yang phyir mi ldog pa gang dag la 'od des reg pa de dag reg ma thag tu de dag thams cad mi skye ba'i chos la bzod pa thob par gyur to // yon tan lnga brgya pa'i le'u zhes bya ba'i gzungs kyang thob bo //

【新译】金刚慧,百千世界中一切有情,触处胎菩萨身光,即得威力与妙色,具念、具慧、具行、具足辩才。

百千世界一切有情,有堕生于地狱界、畜生界者,或堕生于阎罗阿修罗界者,由彼菩萨身光照触故,顿时即得舍其生而生于人天界。

彼诸世界人天众,由于照触力,立刻成就于无上菩提更不退转,〔得五神通〕①。

更者,彼一切由照触而即成不退转众,于更照触时,无刻得无生法忍,且得五百功德转陀罗尼。

---

① 藏译无此句,今依汉二译补。

【藏文】 byang chub sems dpa' ma'i mngal na gnas pa de'i lus kyi 'od kyis / 'jig rten gyi khams 'bum gang dag la reg par gyur pa de dag thams cad bai ḍūrya las grub par yongs su gnas par gyur te / gser gyi skud pas mig mangs ris su bres par gyur la / mig mangs ris thams cad nas kyang rin po che'i shing ljon pa me tog dang / 'bras bu dang / dri dang / kha dog dang ldan pa rnams 'thon par gyur to // rin po che'i shing de dag rlung gis bskyod cing rlung gis bsgul na / 'di lta ste / sangs rgyas kyi sgra dang / chos kyi sgra dang / dge 'dun gyi sgra dang / byang chub sems dpa'i sgra dang / byang chub sems dpa'i stobs dang / dbang po dang / byang chub kyi yan lag dang / rnam par thar pa dang / ting nge 'dzin dang / snyoms par 'jug pa'i sgra snyan pa yid du 'ong ba 'di lta bu 'di dag byung ngo // rin po che'i shing ljon pa'i sgra des kyang 'jig rten gyi khams 'bum de dag thams cad na / sems can rnams dga' ba dang / mchog tu dga' ba thob nas gnas so // sangs rgyas kyi zhing de dag thams cad na / yang sems can dmyal ba dang / dud 'gro'i skye gnas dang / gshin rje'i 'jig rten dang / lha ma yin gyi ris rnams med par gyur to // byang chub sems dpa' ma'i mngal na gnas pa de yang sems can de dag thams cad la zla ba'i dkyil 'khor bzhin du snang bar gyur to // mngal na gnas pa nyid la nyin lan gsum mtshan lan gsum du thal mo sbyar ba'i las byas so //

【新译】 所有得处胎菩萨身光照触之一切百千世界，皆成吠琉璃，黄金为绳以界〔八〕道，宝树列于各各方角，皆生花果，具足色香。于宝树受风吹摇时，从宝树出悦意和雅声，是即佛声、法声、僧声、菩萨声，具足菩萨五力、五根、七觉支、解脱、等持以及等至之声。由此宝树声，一切百千世界中有情众，皆住于法喜及禅悦。于一切佛刹土，其地狱、畜生、阎罗、阿修罗界，悉皆更不复见。

141

【藏文】rdo rje'i blo gros de ltar byang chub sems dpa' de btsas pa dang / mngon par byung ba dang / byang chub mngon par rdzogs par sangs rgyas kyi bar du byang chub sems dpa' de'i lus las 'od rtag tu byung bar gyur to // mngon par rdzogs par sangs rgyas nas kyang bcom ldan 'das de'i lus las 'od rtag tu byung bar gyur to // tshul de bzhin du yongs su mya ngan las 'da' ba'i dus kyi bar du bcom ldan 'das de'i lus kyi 'od de rtag tu byung bar gyur to // de bzhin gshegs pa de yongs su mya ngan las 'das te / ring bsrel mchod rten na gnas pa'i tshe yang lus kyi 'od de rtag tu byung bar gyur te / rdo rje'i blo gros de'i phyir bcom ldan 'das de rtag tu 'od zer gtong zhes bya bar / lha dang mi rnams kyis mtshan gsol to //

rdo rje'i blo gros yang bcom ldan 'das de bzhin gshegs pa dgra bcom pa yang dag par rdzogs pa'i sangs rgyas rtag tu 'od zer gtong de dang po mngon par rdzogs par sangs rgyas pa'i bstan pa la / byang chub sems dpa' 'od gzer mtha' yas shes bya ba g.yog stong dang ldan pa zhig byung ste / rdo rje'i blo gros byang chub sems dpa' 'od zer mtha' yas des / bcom ldan 'das de bzhin gshegs pa dgra bcom pa yang dag par rdzogs pa'i sangs rgyas rtag tu 'od gzer gtong de la / de bzhin gshegs pa'i snying po'i chos kyi rnam grangs 'di las brtsams te yongs su dris so //

【新译】菩萨处母胎中，为此等有情众，昼夜六时常放光明如满月，合掌而住，乃至降诞。

　　金刚慧，彼菩萨诞生即成出离，现正等觉，其时菩萨依然如是由身放光，及至证觉，世尊身亦常放光，即至世尊取般涅槃，其身光依然放射，所遗舍利置于塔中，放光明依旧，以此因缘，是人天即称世尊为常放光明。

　　金刚慧，彼常放光明如来、世尊、应、正等觉，于刚始证觉时，即有名为无量光之菩萨来，彼常与二十俱胝菩萨以为眷属。金刚慧，无量光菩萨于常放光明世尊、如来、应、正等觉，已曾问此如来藏法门。

【藏文】de nas bcom ldan 'das de bzhin gshegs pa dgra bcom pa yang dag par rdzogs pa'i sangs rgyas rtag tu 'od zer gtong des / byang chub sems dpa' de dag rjes su gzung ba dang / yongs su gzung ba'i phyir stan gcig la 'dug bzhin du / bskal pa chen po lnga brgyar de bzhin gshegs pa'i snying po'i chos kyi rnam grangs 'di yang dag par rab tu bshad de / des de bzhin gshegs pa'i snying po'i chos kyi rnam grangs 'di tshig rnam par shes par bya bas / chos bsgrub pa dang / nges pa'i tshig dang / dpe 'bum phrag du mas byang chub sems dpa' de dag la yang dag par rab tu bshad pas phyogs bcu rnams su sangs rgyas kyi zhing bcu'i rdul phra rab kyi rdul snyed kyi 'jig rten gyi khams su yang tshegs chung ngus go bar gyur to //

【新译】常放光明如来、应供、正遍知，为饶益摄受菩萨众故，五百劫不起于座，广说此如来藏经，以种种句作了别，以种种说作说法，以百千譬喻作诠释，由是十方各十佛刹微尘数俱胝百千世界中〔菩萨〕，皆能以少功用而知。

【藏文】 rdo rje'i blo gros de la byang chub sems dpa' gang dag gis de bzhin gshegs pa'i snying po'i chos kyi rnam grangs 'di tha na de bzhin gshegs pa'i snying po zhes bya ba'i ming thos pa de dag thams cad mthar gyis dge ba'i rtsa ba yongs su smin nas / yon tan bkod pa de 'dra ba nyid du / bla na med pa yang dag par rdzogs pa'i byang chub mngon par rdzogs par sangs rgyas te / byang chub sems dpa' sems dpa' chen po bzhi ni ma gtogs so // rdo rje'i blo gros de'i tshe de'i dus na / byang chub sems dpa' 'od zer mtha' yas shes bya bar gyur pa de gzhan zhig yin pa snyam du khyod sems na / de de ltar mi blta ste / rdo rje'i blo gros khyod nyid de'i tshe de'i dus na / byang chub sems dpa' 'od zer mtha' yas zhes bya bar gyur to // bcom ldan 'das de'i bstan pa la gang dag da dung yang bla na med pa yang dag par rdzogs pa'i byang chub mngon par rdzogs par sangs ma rgyas pa'i byang chub sems dpa' bzhi po de dag gang zhe na / 'di lta ste / byang chub sems dpa' 'jam dpal dang / mthu chen thob dang / spyan ras gzigs dbang phyug dang / rdo rje'i blo gros khyod nyid de bzhi pa'o // rdo rje'i blo gros de ltar de bzhin gshegs pa'i snying po'i chos kyi rnam grangs 'di thos pa tsam gyis byang chub sems dpa' sems pa' chen po rnams la / sangs rgyas kyi ye shes sgrub pas don che ba yin no //

【新译】 金刚慧，由善根力，一切闻受如来藏经诸菩萨，乃至仅闻此经名号者，皆渐次成熟。于是，以此因缘，殊胜功德即不可思议显现，相应于彼〔菩萨众〕，令成正等觉。此中唯除四菩萨摩阿萨。

金刚慧，汝若以为，于其时无量光菩萨只是他人，汝实不应起此念，金刚慧，即汝身是，汝于是时即是无量光菩萨。

谁是承世尊意旨，不取正觉成佛至于今日之四菩萨？此四者为妙吉祥、大势至、观自在，以及汝金刚慧。

金刚慧，此如来藏法门实有大利益，菩萨摩诃萨得闻，即立刻现证佛智。

【藏文】de nas de'i tshe bcom ldan 'das kyis tshigs su bcad pa 'di dag bka' stsal to //

'das pa'i dus ni bskal pa mtha' yas na //
bcom ldan 'od zer gtong zhes bya ba byung //
de'i lus las 'di 'dra'i 'od byung bas //
zhing rnams bye ba stong dag snang bar gyur //

rgyal ba dang po mngon rdzogs sangs rgyas rig //
byang chub sems dpa' 'od zer mtha' yas kyis //
de tshe bde gshegs rgyal dbang de la zhus //
mdo 'di rtag tu yang dag rab tu bshad //

gang gis rgyal de'i bstan la mdo sde 'di //
'dren pa las ni mngon sum thos gyur pa //
de kun myur du byang chub dam pa thob //
byang chub sems dpa' bzhi ni ma gtogs te //

【新译】尔时世尊以偈颂言：

于过去世无数劫　世尊示现放光明
辉光由身而放射　照耀无数佛刹土

于佛初成等正觉　彼时无量光菩萨
启问善逝胜利王　此经彼时即宣说

从师闻经所有众　从于胜智者教法
疾速成就胜菩提　此中唯除四菩萨

145

【藏文】mthu chen thob dang spyan ras gzigs dbang phyug //
byang chub sems dpa' 'jam dpal gsum pa ste //
rdo rje'i blo gros khyod nyid bzhi pa yin //
de tshe de dag gis ni mdo 'di thos //

byang chub sems dpa' 'od zer mtha' yas pa //
de tshe gang gis rgyal la zhus byung ste //
de'i dbang byas bde gshegs sras po ni //
de tshe rdo rje'i blo gros khyod nyid yin //

nga yang sngon ni spyad pa spyod pa'i tshe //
bde bar gshegs pa sengge'i rgyal mtshan las //
mdo sde 'di yi ming ni thos par gyur //
gus par byas te thos nas thal mo sbyar //
nga ni legs par byas pa'i las de yis //
byang chub dam pa myur du thob par gyur //
de bas byang chub sems dpa' mkhas rnams kyis //
rtag tu mdo mchog 'di ni gzung bar bya //

【新译】　　　　大势至及观自在　妙吉祥为第三位
　　　　　　　　汝金刚慧即第四　皆是其时闻经者

　　　　　　　　其时无量光菩萨　即是当时问法者
　　　　　　　　噫善逝子金刚慧　昔时之彼即是汝

　　　　　　　　往昔我行菩萨行　从师子幢善逝处
　　　　　　　　即曾听受于此经　恭敬合掌生感激

　　　　　　　　即由于此善根故　我疾速证胜菩提
　　　　　　　　是故具智菩萨众　悉当受持此经典

【**新疏**】疏上面九段新译。

由常放光明如来，即可见如来藏的四种功德（不是自性），为常、乐、我、净。光明恒常，即是法身功德恒常；由光明成就一切众生，所以法身功德为乐；光明平等照烛，如来藏即成一大我；由入胎至成佛，光明照烛世间，是即清净。

质疑常、乐、我、净的人，说违反释尊所说的无常、苦、无我、不净，那是将常、乐、我、净看成是如来藏的自性，而且还将如来藏置于识境来看其自性，若知此四者实乃如来藏之功德，亦即智识双运界的功能，这质疑便不能成立。

【藏文】rdo rje'i blo gros rigs kyi bu 'am / rigs kyi bu mo las kyi sgrib pas bsgribs pa gang dag de bzhin gshegs pa'i snying po'i chos kyi rnam grangs 'di nyan tam / lung nod dam / kha ton du byed dam / ston kyang rung chos kyi rnam grangs 'di nyan pa dang / lung nod pa dang / kha ton byed pa dang / rab tu 'chad pa dang / yi ger 'dri ba de dag la tshegs chung ngus chos de dag kyang mngon sum du 'gyur / las kyi sgrib pa de yang byang bar 'gyur ro // de nas bcom ldan 'das la tshe dang ldan pa kun dga' bos 'di skad ces gsol to // bcom ldan 'das rigs kyi bu 'am / rigs kyi bu mo gang las kyi sgrib pas bsgribs par mi 'gyur zhing / chos kyi rnam grangs 'di la brtson par bgyid pa de dag sangs rgyas bcom ldan 'das ji snyed cig las mang du thos pas chos bstan pa'i slad du nges par 'byung bar 'gyur lags / bcom ldan 'das kyis bka' stsal pa / kun dga' bo rigs kyi bu 'am / rigs kyi bu mo gang dag sangs rgyas brgya'i chos bstan pa kun tu bzung ba'i phyir nges par 'byung ba dag kyang yod do //

【新译】金刚慧，善男子善女人受业障缚缠，若得闻此如来藏经、授持、读诵、为他开演，由闻此经、受持、读诵、开演，以及书写〔之功德〕，彼当得法现前，次第业障清净。

尔时，具寿庆喜（阿难陀 Ānada）问佛言：世尊，若善男子、善女人，未受业障缚缠，须得几佛世尊说法，以多闻故，始能与此经相应？

世尊答言：庆喜，善男子、善女人，于百佛所得说法之加持；于无数佛所得说法之加持。

【藏文】 kun dga' bo rigs kyi bu 'am / rigs kyi bu mo gang dag sangs rgyas nyis brgya dang / sum brgya dang / bzhi brgya dang / lnga brgya dang / stong dang / nyis stong dang / sum stong dang / bzhi stong dang / lnga stong dang / drug stong dang / bdun stong dang / brgyad stong dang / dgu stong dang / khri dang / sangs rgyas 'bum nas / sangs rgyas bye ba khrag khrig 'bum gyi bar dag gi chos bstan pa kun tu bzung ba'i phyir nges par 'byung bar 'gyur ba dag kyang yod do // kun dga' bo byang chub sems dpa' gang chos kyi rnam grangs 'di 'chang ba dang / klog pa dang / gzhan dag la yang rgya cher yang dag par rab tu ston pa dang / glegs bam du byas te / 'chang ba des 'di snyam du bdag gis deng nyid bla na med pa yang dag par rdzogs pa'i byang chub thob bo snyam du sems bskyed par bya ste / de ni ji ltar da ltar nga bzhin du lha dang / mi dang / lha ma yin du bcas pa'i 'jig rten gyis phyag bya ba'i 'os dang /mchod pa'i 'os yin no //

【新译】 阿难,彼善男子、善女人,于二百佛、三百佛、四百佛、五百佛、一千佛、二千佛、三千佛,或四五六七八九千佛、十千佛、或至百千佛、甚至无数佛说法得闻持。

庆喜,若有菩萨得此经典,能背诵且无缺教授他人,复能护持写成经卷,则彼菩萨应思念言:我今已获得无上正等觉。彼应受天、人、阿修罗尊敬供养,如我今日。

【藏文】de nas de'i tshe bcom ldan 'das kyis tshigs su bcad pa 'di dag bka' stsal to //

    byang chub sems dpa' mdo sde 'di thos nas //
    bdag gis byang chub dam pa thob par bsam //
    gang gi lag na mdo sde 'di yod pa //
    de ni nga ltar 'jig rten phyag bya'i 'os //

    de ni 'jig rten mgon po rnam par 'dren //
    khrid byed rnam par khrid byed bsngags pa'i 'os //
    gang gi lag na mdo sde 'di yod pa //
    de ni de ltar chos kyi rgyal zhes bya //

    gang gi lag na mdo sde 'di yod pa //
    mi yi khyu mchog chos kyi sgron ma 'dzin //
    de ni zla nya lta bur blta ba'i 'os //
    'jig rten mgon po lta bur phyag bya'i gnas //

    bcom ldan 'das kyis de skad ces bka' stsal nas / byang chub sems dpa' rdo rje'i blo gros dang / thams cad dang ldan pa'i byang chub sems dpa'i tshogs de dang / nyan thos chen po de dag dang / 'khor bzhi po dang / lha dang / mi dang / lha ma yin dang / dri zar bcas pa'i 'jig rten yi rangs te / bcom ldan 'das kyis gsungs pa la mngon par bstod do // 'phags pa de bzhin gshegs pa'i snying po zhes bya ba theg pa chen po'i mdo rdzogs so // //

【新译】尔时世尊以偈颂言：

菩萨得闻此经已　思维当成胜菩提
彼得受持此经故　受人天礼一如我

世间依怙能调伏　得善导师大名称
以彼受持此经故　可以称名法中王

受持此经利有情　即可视为人中尊
持法炬光如满月　是世依怙应受礼

世尊如是说已，金刚慧菩萨〔摩诃萨〕及诸菩萨摩诃萨、大声闻众、四眷属众，以及世间天、人、阿修罗、乾闼婆等，闻佛所，欢喜奉行。

【新疏】疏上面三段新译。

　　阿难问佛,唐译是:受业障缚缠的有情如何与此经相应,藏译则是:未受业障缚缠的有情如何与此经相应。依如来藏义理,应以藏译为合。因为受业障缚缠时,对如来密意即难理解,因此不信。他们不理解,甚至诸多质疑,主要是唯依言说,不肯探讨言外的密意,这样,便依自己对言说的理解来作质疑。既不能信,便不能说得多少佛加持,然后才与本经相应,因为他们既已不信,便实无法相应。不信一加一等于二,有什么可能相信算术?

附 录

《宝性论》的如来藏九喻

弥勒菩萨造的《宝性论》,于说第四金刚句如来藏时,全引《如来藏经》中的如来藏九喻,于此无著论师并作释论,今依谈锡永译(《宝性论梵本新译》,台北:全佛文化,2006年)引录如下,颂文数码为译者所加。

【释论】95　上来以十义　解说如来藏
　　　　　　藏受烦恼覆　由下诸喻知①

上面说尽未来际恒不变异法性存在(saṃvidyamānatā),已由十种义说如来藏性相,今复说,虽无始以来〔如来藏〕与烦恼壳共存,而其本性实不相应②;而无始以来〔如来藏〕则与清净法性(śubha-dharmatā)共存,与其本性相应而不可分,此由依经③九种喻可了知如来藏为无量无边烦恼所缠④。偈言:

　　96　萎华中佛蜂腹蜜　皮壳中实粪中金

----

① 拙前译此偈"向说如来藏,示以十种义,今说烦恼缠,如下种种喻",此实沿用汉译"向如来藏　十义示现　次说烦恼缠　以九种譬喻"。今依梵直译,明"烦恼缠"者,即如来藏受客尘烦恼所覆障。

② asaṃbhaddha,不相结合。前人译为"不相应"(如《瑜伽师地论》),今从之。

③ 指《如来藏经》及《不增不减经》。前者有四汉译。初译为西晋法炬,已佚,由是可知本经结集甚早,亦即证明于大乘传播初期即有如来藏思想。今传东晋佛陀跋陀罗译,一卷;唐不空金刚译,一卷。均收《大正藏》第十六册。

④ 前将此段释论依藏译意译为:"上面为明实相恒常,已说如来藏十义,今则说其无始以来烦恼藏不染性。如来藏为一切有情所具,唯依然清净,此如《如来藏经》所言,如来藏为无量烦恼藏所缠,以九喻喻之",为高崎先生所不满,今录出以备参考。

地中宝藏种中芽　破朽衣中胜者像

97　贫丑女怀轮王胎　泥模之中藏宝像
　　住于有情〔如来〕性　客尘烦恼垢覆障

98　垢如萎莲复如蜂　如壳如粪如土地
　　如种如朽故败衣　如贫女如火烧地①

　　最胜性则如佛陀　如蜜如实如黄金
　　如宝藏榕树宝像　如轮王如净宝像

【释论】② 诸烦恼如枯萎莲华瓣，如来性则如〔莲华中〕佛。〔偈言〕：

99　譬如萎败莲华中　佛具千种光辉相
　　无垢天眼始得见　于败莲中出彼〔佛〕

100　是故善逝具佛眼　地狱亦见其法性
　　尽未来际大悲悯　解脱有情于此障

101　萎莲之中见善逝　具天眼者绽花开
　　佛见世间如来藏　贪瞋诸障以悲离

【释论】诸烦恼如蜂，如来性则如蜜。偈言：

102　譬如蜜酿蜂群内　为具智者所发现

---

① 梵文原颂谓喻如苦火所曾烧之大地。
② 以下至颂126汉译缺。

156

欲以善巧方便法　散诸蜂群而取蜜

103　世尊一切种智眼　见此性犹如蜂蜜
　　　毕竟成就于此性　不与如蜂障相应①

104　欲得千万蜂绕蜜　求者驱蜂取蜜用
　　　烦恼如蜂蜜如智②　佛如善巧除灭者

【释论】诸烦恼如果之外壳，如来性则如壳中实。偈言：

105　果实为壳掩　无人能得食
　　　凡欲食其实　先须去皮壳

106　有情如来藏③　为烦恼所杂
　　　不离烦恼染　三界不成佛

107　米麦未去壳　食之无滋味
　　　法王住烦恼　有情无法味④

【释论】诸烦恼藏如粪秽，如来性则如金。偈言：

108　旅客失黄金　遗于粪秽中
　　　黄金性不改　千百年如是

---

① 藏译作"世尊一切种智眼，见种姓界譬如蜜，使离蜂根本障，由是取得蜂腹蜜"。
② 原颂谓"烦恼如蜜蜂而蜜则若有情之无垢智"。
③ 梵本原作 jinatvam（胜者性），即指如来藏，今直译以令颂义明显。
④ 此颂意译。依梵本直译，则为——"如米麦粒之外壳，不能令人生滋味，住有情中之法王（dharmeśvara），除烦恼壳见其相。由烦恼生饥渴众，不可得尝法乐味。"

109　天人具天眼　见而告人曰
　　　此中有宝金　待还清净相

110　如佛见有情　烦恼如粪秽
　　　为除烦恼染　降法雨除垢

111　如天人见金　示人还彼净
　　　佛见佛宝藏　示人以净法

【释论】诸烦恼如地深处，如来性则如宝藏。偈言：

112　譬如贫家地深处　具有被掩无尽藏
　　　贫人对此无所知　宝藏不能命彼掘①

113　此如心中无垢藏　无穷尽且不思议
　　　有情对此无所知　由是常受种种苦

114　贫者不知具宝藏　宝藏不能告其在
　　　有情心具法宝藏　圣者方便令出世

【释论】诸烦恼如果壳，如来性则如种芽。偈言：

115　譬如庵摩罗果等　其种恒具发芽力
　　　若予土壤及水等　即能渐长成为树

116　如是清净法本性　有情无明如种核

---

① 此句意译。梵云："宝藏不能告知：我在此。"汉译"宝又不能言"。

若以功德作诸缘　即能渐成胜利王

117　水土阳光时空等　种芽具缘发成树
　　　有情烦恼壳所掩　佛芽缘具成法树①

【释论】诸烦恼如破朽败衣,如来性则如圣者像。偈言:

118　譬如宝石造佛像　为破臭衣所遮盖
　　　天眼见此在路旁　乃为旅人作指引

119　无障碍眼见佛身②　纵使畜生亦具足③
　　　种种烦恼垢掩盖　故施方便解脱彼

120　路旁宝像朽衣掩　天眼见已示凡夫
　　　轮回道上烦恼掩　佛说法令性显露④

【释论】诸烦恼如怀孕〔贫丑〕女,如来性则如四大中转轮王⑤。偈言:

121　譬如贫丑无助妇　无依唯住孤独舍⑥
　　　腹中虽怀王者胎　不知轮王在腹内

---

① dharma-viṭapa,汉改译为"佛大法王"。viṭapa 为灌木,若依汉文例,则可译为"法树",不必拘其为乔木抑灌木。
② ātmabhāva 我身,亦可引申为自性,由是藏译即译为 dngos-pa(性)。
③ 汉译将畜生改为"阿鼻狱"(avīci),示更下道有情亦具此佛身。
④ "性"指佛性,亦即上面所说之"身",即如来藏。
⑤ kalala-mahābhūtagata,汉译为"歌罗逻四大中",此盖指处胎之五位,如迦罗逻、歌罗逻等。
⑥ anātha-āvastha,高崎译为"孤独舍",甚佳,优于汉译"贫穷舍",今从之。

122　轮回如住孤独舍　不净有情如孕妇
　　　无垢性虽堪作护　却似轮王处腹内

123　臭衣丑妇住孤独　轮王在胎亦大苦
　　　有情烦恼住苦舍　虽有依护仍无助

【释论】诸烦恼如铸像泥模，如来性则如模中黄金像。偈言：

124　如人熔金铸金像　金注于内泥覆外
　　　当其量金已冷时　去外覆泥令金净

125　得证最胜菩提者　常见有情心本性
　　　光辉而受客尘染　除障即如开宝藏

126　闪光金像受泥掩　待冷善巧除其泥
　　　一切智知心寂静　说如椎法除其障

【释论】上面诸喻，可略说如下。偈言①：

127　莲中蜂腹及壳内　粪秽所盖及土地
　　　种子之内朽衣裹　胎中以及泥土里

128　如佛如蜜如果实　如金如宝复如树
　　　如宝像如转轮王　又如纯金所铸像

129　有情所具之心性　无始以来即无垢

————————
① 汉译此处编次歧异。

> 虽在烦恼藏当中① 不相结合如喻说

要言之,上面九喻,出《如来藏经》。明无始以来一切有情界所具客尘杂染心,实与无始以来所具清净心相俱,由是具不离异性②。是故经言:

> 依自虚妄染心众生染;依自性清净心众生净。

明九喻所喻

今者,云何心杂染? 其以萎莲等九种譬喻所说,为何者耶?

【释论】130　贪瞋痴烦恼　增上及习气
　　　　　　　见修道所断　不净及净地

　　　　131　烦恼具九相　喻如萎莲等
　　　　　　　然而杂染藏　万千差别相

要言之,九种烦恼显现为客〔尘〕相,唯如来性本来清净,故如萎莲中覆有佛像及余喻等。然则,云何九种?

1. 贪随眠性相烦恼③(rāgānuśayalakṣana-kleśa)
2. 瞋随眠性相〔烦恼〕(dveṣānuśayalakṣana[-kleśa])
3. 痴随眠性相〔烦恼〕(mohānuśayalakṣana[-kleśa])

---

① kleśakośa 烦恼藏,汉译为"烦恼缠"。此颂略采意译,依梵本直译为长行,则为:"无始以来,处于烦恼藏中而不与之相结合者,即有情无始来时之无垢心性,如喻所说。"

② 清净心,汉译作"净妙法身如来藏"。

③ 随眠(anuśaya)。说一切有部认为随眠即烦恼之异名。瑜伽行派不认可此说,以随眠为烦恼之习气,烦恼种子眠伏于阿赖耶识。本论所用为瑜伽行派的观点。

4. 贪瞋痴随眠增上相〔烦恼〕(tivrarāgadveṣamohaparyavasthānalakṣana[-kleśa])

5. 无明住地所摄〔烦恼〕①(avidyāvāsabhūmisaṃgṛhīta[-kleśa])

6. 见〔道〕所断〔烦恼〕(darśanaprahātavya[-kleśa])

7. 修〔道〕所断〔烦恼〕(bhāvanprahātvya[-kleśa])

8. 不净地所摄〔烦恼〕②(aśuddhabhūmigata[-kleśa])

9. 净地所摄〔烦恼〕(śuddhabhūmigata[-kleśa])

世间离贪〔等有情〕,仍于身中有诸烦恼,能作成熟不动行(āniñjyasaṃskāra)③之因,成就(nirvartaka)色〔界〕无色,而彼能为出世间智所断,是为贪瞋痴随眠性。

有情染溺贪〔瞋痴〕,身中所摄〔诸烦恼〕,能作福非福行之因,成就欲界〔果报〕,而彼能为不净(aśubha)观等所断〔观〕行之智,是为贪瞋痴随眠增上性相。

阿罗汉身中〔所摄烦恼〕,能作生起无漏诸业之因,成就无垢意生身〔果报〕,而能为如来觉智所断,是为无明住地所摄〔烦恼〕。

有两种学人,一者凡夫,二者圣者。凡夫学人身中所摄〔烦恼〕,初出世间见智能断,是名见道所断〔烦恼〕;圣者学人身中所摄〔烦恼〕,依出世间见修习智能断,是名修道所断〔烦恼〕。

未究竟菩萨身中仍具〔烦恼〕。〔前〕七智地〔所修之〕对治法,即〔为其所摄〕烦恼,唯由八地起之后三地修道智能断,是名不净地所摄〔烦恼〕。由八地起之后三地修习智对治〔之烦恼〕,唯金刚喻定能断,是名净地所摄〔烦恼〕。偈言:

132　略说烦恼缠　有贪等九种
　　　喻如萎莲瓣　九喻作相对

---

① 无明住地,即"习气"。
② 净地,指菩萨八至十地;不净地,指菩萨一至七地。
③ āniñjyasaṃskāra,汉译"不动地",指二乘于三摩地中,不为贪等所动之定境。

详言之,如来藏受烦恼所覆,实无量无边,广说则为八万四千种,一如如来智无量无边。此如经言"如来藏为千百亿无边际烦恼缠所覆障"。偈言:

133　凡夫四种垢　阿罗汉唯一
　　　道上染两种　菩萨亦二垢①

世尊言,一切有情皆具如来藏。所言有情,约为四种:凡夫、阿罗汉、〔道上〕学人、菩萨。其所具烦恼垢于无漏界中,顺次为四种、一种、二种及二种。

复次,云何说贪等九种烦恼与萎莲等九喻相似;云何说如来性与佛像等九喻相似? 偈言:

134　譬如泥中莲　初开人贪悦
　　　花萎人不喜　贪爱亦如是

135　譬如酿蜜蜂　受扰即刺人
　　　恰如瞋起时　令心生诸苦

136　譬如谷实等　外为皮壳裹
　　　恰如内实性②　为无明所蔽

137　譬如厌不净　智观贪亦尔

---

① 此用意译,依梵本直译,则为——"不净之凡夫　罗汉及学人　菩萨等次第　四一二二垢"。
② sārārta,最坚实,汉译为"内坚实"。此处译为"内实性",以显如来藏境界,以其为内自证智境界故。

增上诸烦恼　缠缚厌如秽①

138　譬如无知故　不见地中宝
　　　不知自觉性　埋没无明土

139　譬如芽渐长　突离种子壳
　　　见道断〔烦恼〕　而见于真实

140　随逐圣道上　虽已断身见
　　　修道智断者　喻为破败衣

141　前七地诸垢　如藏之污垢
　　　唯无分别智　长养藏离覆

142　后三地诸垢　知彼如泥模
　　　以金刚喻定　圣者能除垢

143　贪等九种垢　喻如萎莲等
　　　如来藏三性　喻之如佛等

如来藏以三种自性为心清净因（cittavyavadānahetu），与佛像等九喻相似。然则，云〔何为三种自性〕？偈言：

144　法身及真如　及种性自性

---

① "智观贪亦尔"句，依汉译。此为意译，梵作 evam kāmā virāgiṇam，直译则为"贪欲可厌亦如是"。然而 virāgin 可译为"离贪欲"，故汉译即将之意译为"智"，此译甚合论义，故从之。又 kāmarevānimittatvāt，汉译为"起欲心诸相"，"起"为生起、转起，今意译为"增上"，以其非为生起因。

以三喻一喻　　及五喻作喻

初三喻，喻之如佛像、如蜜、如实等，所喻〔如来〕性为法身自性(dharmakāya-svabhāva)；次一喻，喻之如金，所喻为真如自性(tathathā-svabhāva)；后五喻，喻之为宝藏、树、宝像、转轮圣王及金像等，所喻为〔佛〕种性自性(gotra-svabhāva)，即为三身佛出生之源。

云何法身自性？偈言：

145　法身有二种　　法界无垢性
　　　及彼性等流　　所说深浅法[①]

法身示现有二种。〔一者〕极清净法界(suviśuddha dharmadhatū)，为无分别智境界(gocara-viṣaya)，此即诸如来内自证法(pratyātmādhigama-dharma)[②]。〔二者〕为成就之因，诸佛依有情根器说与彼相应之法，是为极清净法界等流(suviśuddha dharmadhatū-niṣyanda)，此为佛所说法。

佛所说法有二。一者细，一者粗，如是以说二谛。细者，为甚深菩萨法藏，示胜义谛。粗者，以契经、应颂、记别、偈颂、自说、因缘等广说，示世俗谛。偈言：

146　〔法身〕出世间　　世法难譬喻
　　　故说相似喻　　喻为佛色身

[①]　世亲《佛性论》有诠释上面所说(大正·卅一，页808上)。如云"因三种自性为显心清净界，名如来藏。故说九种如莲花等喻。三种自性者，一者法身、二如、三佛性"(此中"佛性"即"佛种性")。又云"诸佛法身有二种。一正得法身、二正说法身"，此即本颂所言之二种法身。又云"言正得法身者，最清净法界，是无分别智境界诸佛当体，是自所得法；二正说法身者，为得此法身清净法界正流(即"等流"niṣyanda)从如所化众生识生，名为正说法身。"故知前者为智境，后者等流显现为识境。

[②]　此句依藏译，梵本无此句，汉译连上句，译为"故如是诸佛如来法身，为自内身法界能证应知。"亦与藏译不同，疑所据梵本有异。

147　所说深细法　如蜂蜜一味
　　广说种种法　种种壳藏实

上面三喻，佛像、蜜、实等，明如来法身周遍一切有情，无有例外，故说一切有情皆具如来藏（tathāgatasye eme garbhāḥ sarvasattvāḥ）。于有情界中，实无一有情在如来法身外。故喻法身如虚空界，含容一切色法。如〔《经庄严论》中〕偈〔于《如来庄严智慧光明入一切佛境界经》〕言①：

虚空无不容　是永恒周遍　色法满虚空　若有情周遍

偈言：

148　本性无变易　善妙复清净
　　是故说真如　喻之如真金

心之本性虽为无数烦恼及苦法所缠，依旧清净光明，故不能谓其有所变异，以此之故，名之为真如，谓其不变义如善妙之金。故说一切有情皆具如来藏，虽邪见聚有情亦具，本无差别，若一切客尘诸垢清净，即名如来。是故以金佛喻，以明如如无差别之义，由是如来藏〔即〕真如，为一切有情所具。以心本来清净无二故，佛〔于《如来庄严智慧光明入一切佛境界经》〕言：

　　文殊师利，如来如实知见自身根本清净智，以依自身根本智故，知有情有清净身。文殊师利，所谓如来自性清净身，乃至一切有情自性清净身，此二法者，无二无差别。

---

① 汉译此处作三颂。

经偈复言:

一切无别故　得如清净故　故说诸众生　名为如来藏

偈言:

149　如藏如种芽　种姓有二相
　　　本性住种性　习所成种性

150　依此二种姓　生出三身佛
　　　初者第一身　次者为余二①

151　清净自性身　知彼如宝像
　　　自然离造作　功德藏所依②

152　报身如轮王　证大法王位
　　　化身如金像　本性为影像

　　上面余五种譬喻,即宝藏、〔芽所生〕树、宝像、转轮王、金像等,谓能生三种佛身之种姓,故谓如来性(tathāgatadhātu)即为一切有情之藏(garbha)。故佛示现三身,而如来性则为证得三身之因。故"性"(dhātū)者,实为"因"(hetu)义。如经言③:

---

① 第一身指法身,余二,即两种色身——受用身(报身)及化身。
② āśraya,依止处(藏),汉译为"摄功德实体",以此梵字亦可解为"身体"故。因知"实体"非谓法身法有实体。今人或引此偈,说如来藏执实法身,乃依文解义。今改译为"藏",以免混淆。
③ 所据为《阿毘达磨大乘经》(*Mahāyānābhidharma-sūtra*)。本经梵、汉、藏本皆佚,唯散见于论典所引。如《摄大乘论》世亲释论,即多处引用。此如下引偈即是(大正·卅一,第156页下)。

一切有情皆具如来藏，如胎处于身中，以其性能成就故，而有情却不自知。

经偈复言：

此界无始时 一切法依止 若有诸道有 及有得涅槃

云何"无始时"（anādikālika）？此谓如来藏本际不可得故①。

云何为"性"（＝"界"，dhātu）②？如〔《胜鬘经》〕言：

世尊，如来藏者是法界藏、法身藏、出世间上上藏、自性清净藏。

云何"一切法依止"（sarvadharmasamāśrayaḥ）？如〔《胜鬘经》〕言：

世尊，是故如来藏，是依是持是建立，世尊，不离、不断、不脱、不异不思议佛法。世尊，断脱异外有为法依持建立者，是如来藏③。

云何"若有诸道有"？如〔《胜鬘经》〕言：

世尊，生死者依如来藏。

世尊，有如来藏故说生死、是名善说。

云何"及有得涅槃"？如〔《胜鬘经》〕言：

世尊，若无如来藏者，不得厌苦乐，求涅槃。

---

① 此语见《胜鬘经》"自性清净章"（大正·十二）。
② 此处引玄奘译，将"性"译为"界"。
③ 本段译义稍混。原义犹云：一切无为法及有为法，皆由如来藏作依持建立。盖如来藏实为一心识境界，一切法皆依止心识，故即依止如来藏。

诸经如来藏喻

佛于二转、三转法轮诸经,多说如来藏喻,今引录如下,俾读者知非为正说如来藏诸经,始有如来藏喻,由是即知,说如来藏实由种种法异门而说。若诽拨如来藏,则《法华》、《涅槃》等经皆可废。

甲、《法华经·五百弟子受记品》

世尊。譬如有人至亲友家,醉酒而卧。是时亲友官事当行,以无价宝珠系其衣里,与之而去。其人醉卧,都不觉知。起已游行,到于他国。为衣食故,勤力求索,甚大艰难。若少有所得,便以为足。于后亲友会遇见之,而作是言:"咄哉,丈夫。何为衣食乃至如是。我昔欲令汝得安乐、五欲自恣,于某年月日,以无价宝珠系汝衣里。今故现在,而汝不知,勤苦忧恼,以求自活,甚为痴也。汝今可以此宝贸易所须,常可如意,无所乏短。"

佛亦如是,为菩萨时,教化我等,令发一切智心。而寻废忘,不知不觉。既得阿罗汉道,自谓灭度,资生艰难,得少为足。一切智愿,犹在不失。今者世尊觉悟我等,作如是言:"诸比丘!汝等所得,非究竟灭。我久令汝等种佛善根,以方便故,示涅槃相,而汝谓为实得灭度。"

世尊!我今乃知实是菩萨,得受阿耨多罗三藐三菩提记。以是因缘,甚大欢喜,得未曾有。

> 按:
> 此即"衣珠喻"。大价宝珠即喻佛性,人藏宝珠衣内而不自知,喻人具佛性而不自知。是即如来藏喻。

小乘行人唯得解脱身,实未涅槃,此亦同衣裹宝珠而不自知,得解脱身便自以为究竟。故经言"汝等所得,非究竟灭"。此亦言小乘行人不识如来藏。

乙、《大般涅槃经·如来性品》

一、贫女藏金喻

佛言:善男子,我者即是如来藏义。一切众生悉有佛性,即是我义。如是我义,从本已来常为无量烦恼所覆,是故众生不能得见。善男子,如贫女人舍内多有真金之藏,家人大小无有知者。时有异人,善知方便,语贫女人,我今雇汝,汝可为我芸除草秽。女即答言:我不能也。汝若能示我子金藏,然后乃当速为汝作。是人复言:我知方便能示汝子。女人答言:我家大小尚自不知,况汝能知。是人复言:我今审能。女人答言:我亦欲见,并可示我。是人即于其家掘出真金之藏。女人见已,心生欢喜。生奇特想,宗仰是人。善男子,众生佛性亦复如是,一切众生不能得见,如彼宝藏贫人不知。善男子。我今普示一切众生所有佛性,为诸烦恼之所覆蔽,如彼贫人有真金藏不能得见。如来今日普示众生诸觉宝藏,所谓佛性。而诸众生见是事已,心生欢喜归仰如来。善方便者即是如来。贫女人者即是一切无量众生。真金藏者即佛性也。

按:

贫女宝藏喻,即如来藏九喻中之第五喻。

二、额珠喻

佛告迦叶:善男子,譬如王家有大力士,其人眉间有金刚珠,与余力士较力相扑,而彼力士以头抵触其额上,珠寻没肤中,都不自知是珠所在,其处有疮,即命良医欲自疗治。时有明医善知方药,即知是疮因珠入体,是珠入皮即便停住。是时良医寻问力士,卿额上珠为何所在。力士惊答:大师医王,我额上珠乃无去耶。是珠今者为何所在,将非幻化。忧愁啼哭。是时良医慰喻力士：汝今不应生大愁苦。汝因斗时宝珠入体，今在皮里，影现于外。汝曹斗时瞋恚毒盛，珠陷入体故不自知。是时力士不信医言，若在皮里，脓血不净，何缘不出。若在筋里，不应可见。汝今云何欺诳于我。时医执镜以照其面，珠在镜中明了显现。力士见已，心怀惊怪，生奇特想。

善男子，一切众生亦复如是。不能亲近善知识故，虽有佛性皆不能见，而为贪淫瞋恚愚痴之所覆蔽故。堕地狱、畜生、饿鬼、阿修罗、旃陀罗、刹利、婆罗门、毗舍首陀，生如是等种种家中。因心所起种种业缘，虽受人身、聋盲、瘖痖、拘蹙、癃跛，于二十五有受诸果报。贪淫瞋恚愚痴覆心不知佛性，如彼力士宝珠在体，谓呼失去。众生亦尔，不知亲近善知识故，不识如来微密宝藏，修学无我。喻如非圣，虽说有我亦复不知我之真性，我诸弟子亦复如是，不知亲近善知识故，修学无我亦复不知无我之处。尚自不知无我真性，况复能知有我真性。

善男子，如来如是说诸众生皆有佛性，喻如良医示彼力士金刚宝珠，是诸众生为诸无量亿烦恼等之所覆蔽，不识佛性，若尽烦恼，尔时乃得证知了了，如彼力士于明镜中见其宝珠。善男子，如来秘藏如是无量不可思议。

> 按：
>
> 此即"额珠喻"，喻由瞋恚生起诸烦恼，人之阿赖耶识以瞋恚为性，由于瞋恚，始有污染意生起，于是执自身之显现为"我"见。人不见佛性而见自我，即如力士额中藏珠亦不自知。

丙、《入楞伽经·集三万六千一切法品》

（依谈锡永译《入楞伽经梵本新译》）

大慧，此如陶师用泥聚造种种器，以人工善巧，用木杆、水、绳等而作。大慧，如来于说远离分别、诸法无我时，亦由其殊胜智注成种种善巧方便，故有时说如来藏、有时说无我，此如陶师（造种种器），用种种名言、表义、异门而说。

　　按：

　　佛究竟见为如来藏，施设种种言说，即法异门，此用陶师造器喻，喻佛善巧方便施设名言、表义、异门。故学人不应据名言、表义、异门否定如来藏，若如是，即如不许陶师造器。

　　经言"故有时说如来藏、有时说无我"，此实以说无我为善巧方便，如来藏我即为究竟。何谓如来藏我？此即智境与识境双运的境界。如来法身功德为智境，智境上有一切识境随缘自显现，故智境与识境恒时双运，如是说为恒常，此双运境即成如来藏我。佛显示如来藏我，否定外道的梵我、神我，如是引导外道知何者为我，并不是因随顺外道而施设如来藏我。

略说"转依"二义[1]

"转依"是瑜伽行派的根本教法之一。瑜伽行诸论,实无一不涉及转依之理,而以本论之说为最详[2]。

复次,由凡夫成佛,是由生灭而离生灭、由落缘起而至离缘起。然则此二者之间,究竟如何过渡?此亦非说转依不可。若非转依,则唯有说:有一凡夫灭,有一佛生起,此即大违佛法。故说转依,即说道上如何可以得果,此属佛家的根本问题。

高崎直道于《転依——āśrayaparivṛtti と āśrayaparāvṛtti》一文中[3],指出印度瑜伽行派的论典中,说"转依"教法时,所用梵文其实有二词:一为āśrayaparāvṛtti,一为āśrayaparivṛtti;而二者的区别,前者主要指以阿赖耶识(ālayavijñāna)为"所依"(āśraya)而生起染净种子之转变,后者则以真如(tathatā)为"所依",于本具的如来藏(tathāgatagarbha)及如来性(tathāgatadhāta)显露之时,即是由虚妄之"所依"根本转变为真实如如之

---

[1] 摘自《辨法法性论及释论两种》,谈锡永与邵颂雄合撰之导论(台北:全佛文化,2009年),第50—63页。

[2] Ronald M. Davidson 的博士论文 *Buddhist Systems of Transformation: Āśraya parivṛtti / parāvṛtti among the Yogācāra* (Berkeley: University of California, 1985),专研究瑜伽行派的"转依"学说。其中,Davidson 提出,阐释"转依"之理最为深入的《辨法法性论》,对后代瑜伽行学人的影响,却竟然微不足道,实在是印度佛教史上的一大讽刺。原文:One of the most interesting ironies in the intellectual history of Indian Buddhism is that the work most dedicated to the elucidation of the fundamental transformation has had the least impact on the subsequent conception of system manipulation. We are speaking of course of the Dharmadharmatāvibhāga. (p. 288). 此说可堪细味。这或即是《辨法法性论》于印度失传已久的另一线索。

[3] 发表于《日本佛教学会年报》第二十五号(1960):89-110。其后结集于高崎直道《如来藏思想 II》(京都:法藏馆,1989年)。

"所依"。换言之,所谓"转依"者,即是"所依"(āśraya)之"转变"(parāvṛtti / parivṛtti)。若论典中所说之"所依"指阿赖耶识时,其"转变"即说为parāvṛtti;若所说之"所依"为真如、如来藏、如来性等时,则说其"转变"为parivṛtti。对于高崎直道谓"转依"具有二义的说法,Lambert Schmithauser 于其 Der Nirvāṇa-Abachnitt in der Viniścaya-saṃgrahaṇī der Yogācārabhūmiḥ 一书中,有专章反驳,认为就《瑜伽师地论·摄抉择分》的梵本所见,并未有"转依"二义之区分①。然而,高崎直道细密的分析实不应轻率否定,因为于瑜伽行派的论典,确实可见两种"转依"义的阐述。兹从瑜伽论中把"转依"二义略举数例如下。

《成唯识论》依四者说"转依":一能转道;二所转依;三所转舍;四所转得。② 此四者若作境、行、果分别,应为:

---

① 见 Lambert Schmithausen, Der Nirvāṇa-Abschnitt in der Viniścaya-saṃgrahaṇī der Yogācārabhīmiḥ. Österreichische Adademie der Wissenschaften Philosophische-Historische Klasse Sitzungsberichte, 264, Band 2. Vienna: Hermann Böhlaus, 1969: 92-94。

② 见《成唯识论》卷十,大正·三十一,no. 1585,第 54—55 页。原文如下:转依义别略有四种:一能转道,此复有二,一能伏道,谓伏二障随眠势力,令不引起二障现行,此通有漏无漏二道加行根本后得三智,随其所应渐顿伏彼;二能断道,谓能永断二障随眠,此道定非有漏加行,有漏曾习我执所引未泯相故,加行趣求所证所引未成办故,有义根本无分别智亲证二空所显真理,无境相故能断随眠,后得不然故非断道,有义后得无分别智虽不亲证二空真理,无力能断迷理随眠,而于安立非安立相,明了现前,无倒证故,亦能永断迷事随眠,故瑜伽说修道位中,有出世断道世出世断道,无纯世间道能永害随眠,是曾习故相执引故,由斯理趣诸见所断及修所断迷理随眠,唯有根本无分别智亲证理故能正断彼,余修所断迷事随眠根本后得俱能正断。

二所转依,此复有二,一持种依,谓本识,由此能持染净法种与染净法俱为所依,圣道转令舍染得净,余依他起性虽亦是依而不能持种,故此不说;二迷悟依,谓真如,由此能作迷悟根本诸染净法依之得生,圣道转令舍染得净,余虽亦作迷悟法依而非根本,故此不说。

三所转舍,此复有二,一所断舍,谓二障种,真无间道现在前时,障治相违彼便断灭永不成就,说之为舍,彼种断故不复现行妄执我法,所执我法不对妄情,亦说为舍,由此名舍遍计所执;二所弃舍,谓余有漏劣无漏种,金刚喻定现在前时引极圆明纯净本识,非彼依故皆永弃舍,彼种舍已现有漏法及劣无漏毕竟不生,既永不生亦说为舍,由此名舍生死劣法,有义所余有漏法种及劣无漏金刚喻定现在前时,皆已弃舍,与二种俱时舍故,有义尔时犹未舍彼,与无间道不相违故,菩萨应无生死法故,此位应无所熏识故,住无间道应名佛故,后解脱道应无用故,由此应知,余有漏等解脱道起方弃舍之,第八净识非彼依故。

四所转得,此复有二,一所显得,谓大涅槃,此虽本来自性清净而由客障覆,令不显真圣道生断彼障故,令其相显名得涅槃,此依真如离障施设故,体即是清净法界。

境：所转依、所转舍

行：能转道

果：所转得

此中"所转依"，《成唯识论》说有二种，即"持种依"及"迷悟依"；此中"所转舍"，论亦说有二种，即"所断舍"及"所弃舍"。今依论说，简括如下：

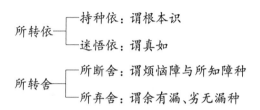

此中"持种依"，论云："持种依谓〔根〕本识，由此能持染净法种，与染净法俱为所依。"《成唯识论》依"唯识"义，故说"种子"(bija)。但既依种子，则不得不依摄藏种子之阿赖耶识，说阿赖耶识为根本依。是故此即为"所转"之所依（基础），如是名为"所转依"。由是可见，此建立唯据阿赖耶识及种子以说转依，此即唯识学派之不共说法，亦即高崎直道所指 āśrayaparāvṛtti 的转依义。

至于"迷悟依"，则为真如，以其为一切染净法之所依。"染净"即迷悟之根本，故称为"迷悟依"。此如论云："迷悟依谓真如。由此能作迷悟根本，诸染净法依之得生，圣道转令舍染得净。"由是，此由"迷悟依"以说转依，即说为对真如之迷悟。若迷，则依如而生死；若悟，则依如而涅槃。此义亦即《成唯识论》卷九所申之"唯识真如"义：

> 愚夫颠倒，迷此真如，故无始来受生死苦；圣者离倒悟此真如，便得涅槃毕究安乐。由数修习无分别智，断本识中二障粗重故，能转灭依如生死，及能转证依如涅槃，此即真如离杂染性。如虽净而相杂染，故离染时假设新净，即此新净说为转依。①

---

① 《成唯识论》卷十，大正·三十一，第51页。

此即有如《辨法法性论》之建立,由悟入"法性能相"(真如)以证得涅槃,若迷,此真如则成"法能相",落于轮回生死;复次,论中建立无分别智为"转依"之所依,亦同上引《成唯识论》强调"数修无分别智"之意趣。至于《成》论说"〔真〕如虽净而相杂染",亦如《辨法法性论》之说"法与法性非一非异":

> 此二既非一　亦复为非异
> 以有与及无　具有无差别

以其"非一",始可说转依,否则无有何可转者;以其"非异",始有转依之可能,否则便须从头生起,亦不可说之为"转"。

于《辨中边论·辨无上乘品》有颂云:

> 知法界本性　清净如虚空
> 故染净非主　是于客无倒①

世亲释云:

> 先染后净二差别相,是客非主。如实知见此客相者,应知是名于客无倒。

此即云不应分别法界为染为净,若分别即落边见。法界本性如虚空,染净差别非其本性,只是"客相"。是故同论《辨相品》乃有颂言——

> 非染非不染　非净非不净
> 心性本净故　由客尘所染②

世亲释云:

> 云何非染非不染,以心性本净故;云何非净非不净,由客尘所

---

① 下面所引此论之根本论及释论,依玄奘译,见大正·三十一,no. 1600。此颂梵文:dvayasyāgantukatvaṃ hi sa ca tatrā' viparyayaḥ / saṃkleśaśca viśuddhi śca dharmapudgalayorna hi //

② 此颂梵文:na kliṣṭā nā'pi va'ākliṣṭā śuddhā' śuddhā na caiva sā / prabhāsvaratvāccittasya kleśasyāgantukatvataḥ //

染故。是名成立空差别义。

此释即离净染二边,立"空差别"义。"心性本净"是为非染,以客尘为染故为非不染;客尘为非净,心性则为非不净。是故必须建立客尘,然后始能遮遣心性染不染、净不净。如是建立,染净双边皆遣,故说为胜义。

此以真如为本位、离净染二边而说之"转依",即高崎真道所说 āśrayaparivṛtti 之"转依"义。

此"转依"二义亦同样见于《大乘经庄严论·菩提品》,于中有颂云:

二障种恒随　彼灭极广断
白法圆满故　依转二道成①

无著释云:

此偈显示转依有离有得。"二障种恒随,彼灭极广断"者,此明所治远离,谓烦恼障智障二种种子,无始已来恒时随逐,令得永灭极者;一切地广者,一切种此皆断故。"白法圆满故,依转二道成"者,此明能治成就,谓佛体与最上圆满白法相应,尔时依转得二道成就:一得极清净出世智道,二得无边所识境界智道,是名转依。

此中所说"转依",即 āśrayaparāvṛtti 义,依阿赖耶识所藏种子而说能治与所治二者,仍有所转舍与所转得之分别,亦即未离能所、取舍、染净等分别而说"转依"。

《大乘经庄严论》接有颂云:

彼处如来住　不动如此王

---

① 下面所引此论之根本论及释论,依波罗颇蜜多罗译,见大正·三十一,no. 1604。此颂梵文: kleśajñeyavṛtīnāṃ satatamanugataṃ bījamutkṛṣṭakālaṃ yasminnastaṃ prayātaṃ bhavati suvipulaiḥ sarvahāniprakāraiḥ / buddhatvaṃ śukladharmapravaraguṇayutā āśrayasyānyathāptistatprāptirnirvikalpādviṣayasumahato jñānamārgātsuśuddhāt //

尚悲乐灭人　　况著诸有者①

无著释云：

　　此偈显示如来转依，诸转中胜。何以故？如来转依住无漏界处，如山王镇地安住不动。如此转已见于声闻缘觉乐寂灭人，尚生怜愍，何况远边下贱著有苦恼众生。

论颂复云：

　　他利乃无上　　不转及不生
　　广大与无二　　无住亦平等
　　殊胜与遍授　　是说如来转②

上面二颂说"如来转依"（tathāgatānāṃ parivṛttirisyate）较前所说之"转依"为胜，以此为"如来住处"（sthitaśca tasmiusa tathāgata），恒常不动如须弥山王，且具足大悲。此亦即谓"如来转依"所现证者，为"如来法身"（如来住处）及"如来法身功德"（大悲）之双运，具足"他利"、"无上"等十种功德。无著释论特别指出依此"如来转依"义，"生死涅槃无有二"、"有为无为俱不住"等③。此中所说"转依"，亦即 āśrayaparivṛtti 义，依本来清净之真如为"所依"，而说"转依"为本具如来藏的法尔显露。

由是，āśrayaparāvṛtti 与 āśrayaparivṛtti，可视为两个不同层次的"转依"：前者方便，后者真实，而非如高崎直道所说，总结此二梵文用词的区别，为不同的造论者与两种不同的瑜伽行学说④。对此二者，真

---

　　① 此颂梵文：sthitaśca tasminsa tathāgato jaganmahācalendrastha ivābhyudīkṣate/ 'samābhirāmaṃ karuṇāyate janamaghābhirāme 'nyajane tu kā katha //
　　② 此颂梵文：pravṛttirūddhittiravṛtirāśrayo nivṛttirāvṛttiratho dvayādvayā / samāviśiṣṭā api sarvagātmikā tathāgatānāṃparivṛttirisyate //
　　③ āśrayaparāvṛtti 及 āśrayaparivṛtti 二词，亦见于《大乘经庄严论》余颂，于此不赘。读者可参高崎直道上揭文，及越智淳仁《瑜伽行唯识派の転依说："大乘庄严经论"所说の転依说止と"大日经广释"所说の転依说との关连》，《密教学研究》Vol. 8(1976)：22 - 40。
　　④ 见高崎直道(1989)：169 - 170。

谛于其《十八空论》中,解说为:"但唯识义有两:一者方便,谓先观唯有阿梨耶识,无余境界,现得境智两空,除妄识已尽,名为'方便唯识'也;二明'正观唯识',遣荡生死虚妄识心,及以境界一皆净尽,唯有阿摩罗清净心也。"①

　　高崎所说的两种瑜伽行学说,当然是指无著、世亲、安慧以至真谛的一系瑜伽行古学(或称唯识古学),以及由陈那及护法发展,而经戒贤传至玄奘一系的唯识学派(或称唯识今学)。日本学者以其文献学的基础,以及对梵文、藏文与汉文的掌握,直接研读新发现的梵本经论与汉藏诸译,对于两系瑜伽行的研究作出重大贡献。其中,宇井伯寿对瑜伽行古学的研究,更是奠定往后研究两系瑜伽行差别的重要基础。宇井师事 Louis de la Vallée Pousin,把西方学术的治学方法融入于瑜伽行派的专门研究。于其《摄大乘论研究》中,宇井即提出早期瑜伽行派所传即是如来藏思想;由是,宇井乃确立真谛与玄奘之所传,即分别代表瑜伽行古学与唯识学派的思想,而以真谛之所传为"正统"②。其后,日本的上田义文与汉土的欧阳竟无,亦分别从不同角度,剖析瑜伽行古学所重为三自性(法相),而唯识学派则以"唯识无境"为中心思想。

　　事实上,专说如来藏义理的《宝性论》,虽然依汉土相传,说造论者为坚慧(Sāramati),而据西藏相传,则说由弥勒菩萨造论、无著菩萨释论。然而,不论是坚慧或是弥勒与无著,都是瑜伽行派的论师;坚慧且造有《大乘法界无差别论》(别名《如来藏论》),亦是发扬如来藏思想的论典。把如来藏学说摒于瑜伽行思想之外,无疑只是近年唯识学人的一偏之见。

　　然而,若过分强调瑜伽行古学与唯识学派的差别,却易流于把此间的差异视为绝对,由是误把二者看成两个对立的学派。此或即高崎直道总结两种"转依"的梵文用语源自不同造论者与不同瑜伽行学派的原

---

① 大正·三十一,no. 1616:864。
② 参宇井伯寿:《摄大乘论研究》,京都:岩波书店,1935 年。

因。但实际上,瑜伽行古学的教授,其实亦包含"唯识无境"的次第,因此不能把瑜伽行"古学"与"今学"的关系过度简化,而 āśrayaparivṛtti 与 āśrayaparāvṛtti 二词亦同样不能绝对地区分为以"所依"为真如及以"所依"为阿赖耶识。

依此,我们可对高崎直道"转依"二义之说略作修订:若论义主要迁就凡夫的识境,由是建立"种子"学说,以解释如何由执实二取名言转依入"法性"境界的机理,所用为 āśrayaparāvṛtti 一词,如《唯识三十颂》（Taimśikakārikā）[1];若论义主要显"究竟转依"（niṣṭhāśrayaparivṛtti）义,亦即离功用法尔现前本来清净的法性真如境界与本具的如来藏,则用 āśrayaparivṛtti 此词,如《宝性论》所言:

〔离垢真如之"自性"者,谓如来〕性,世尊名之为如来藏,不离烦恼缠,以〔远离烦恼缠而得〕清净,应知为转依之自性,故名为"自性"[2]。

这与高崎直道的观点不同之处,在于厘定 āśrayaparivṛtti 之"转依"义,包含 āśrayaparāvṛtti 之"转依"义,而于次第上,前者高于后者:āśrayaparivṛtti 为圆成佛道的究竟转依,若只说 āśrayaparāvṛtti 则为证初地的现证;āśrayaparivṛtti 为次第离作意、离分别以现前如来智境与如来智境功德双运境界,其究竟更无有轮回与涅槃、法与法性等分别,而 āśrayaparāvṛtti 仍于杂染与清净的基础上作取舍。

此复以《辨法法性论》为例。论的结颂以虚空、金、水等三喻,说明转依而证得之境界,非新得、亦非具变异,如世亲释云:

然此却非不净变为清净,不净仅为未得清净之外缘。……同

---

[1] 此可见《唯识三十颂》第 29 颂: *acitto 'nupalambho 'sau jñānaṃ lokottaraṃ ca tat / āśrayasya parāvṛttir dvidhā dauṣṭhulya hānitaḥ //*

[2] 下来所引此论之根本论及释论,依谈锡永译,见《宝性论梵本新译》(台北:全佛文化,2006 年)。此段梵文: *tatra yo 'sau dhātur avinirmukta-kleśa-kośas tathāgatagarbha ity ukto bhagavatā / tad-viśuddhir āśrayaparivṛtteḥ svabhāvo veditavyaḥ*。

理,于转依时,其自性光明亦非前所无有。确言之,其不显现〔自性光明〕实由客尘净垢显现故,遂成不净;如是而成非纯,非澄。然由排除彼故,遂成显现。但此实非有一法新生,以法性中变异性不生起故。因其〔变异性〕无有,法性及转依遂说为常。

此"本性光净,客尘所染"之理,即是如来藏的基本思想。是故,《辨法法性论》一如《宝性论》,所用"转依"之梵语,为 āśrayaparivṛtti 而非 āśrayaparāvṛtti。然而,《辨法法性论》中其实已说两重"转依"义:

论中解释"四种离相",实配合"抉择"(nirvedha)、"触证"(sparśa)、"随忆念"(anusmṛti)、"通达其体性"(tadātmakatvābhyupagamana)四种"法性悟入"而说,总摄"五道"中加行道(prayogamarga)、见道(darśanamārga)、修道(bhāvanāmārga)以至无学道(aśaikṣamārga)的修学,是为"究竟转依",此为 āśrayaparivṛtti 义之"转依"。

论中说"四正加行",由具二取与名言执实之心识,次第经"有得加行"、"无得加行"、"有得无得加行"、"无得有得加行"等修习,证入无有能所二取之境界,是为触证法性,而此过程则为 āśrayaparāvṛtti 义之"转依"。

此复可依本论论颂 55 至 58 所说,列简表说明如下:

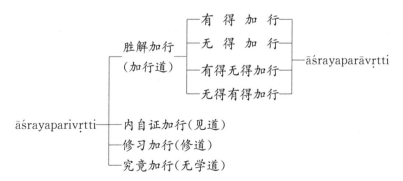

《辨法法性论》由颂 55 至 58 所说"胜解加行"(adhimokṣaprayoga)、"内自证加行"(pratisaṃvedanaprayoga)、"修习加行"(bhāvanāprayoga)及"究竟加行"(niṣṭhāgamanaprayoga)等"四加行",以摄论中所说之"四种离

相"及由加行道过渡至无学道之"转依"。然此"四加行"却又与"四正加行"息息相关，不但加行道之观修须依"四正加行"以圆成，始能证入见道位（是为"触证"位），即使于修道位由二地至七地之六"未净地"、及八地至十地之三"遍净地"，其间修习亦是反复修习"四正加行"（是为"随忆念"），此如不败尊者释本论云：

〔加行悟入者，〕谓由修习无分别智，精勤于加行而悟入各各地道。此应由四者而知：

一、虽未现证法性义，然依〔闻思修〕三慧之胜解而修习加行，悟入胜解行地，此即顺抉择位加行道之分位；

二、依内自证加行而现证法性，非依总相（概念），是为悟入初地，此即现量触证真如之分位；

三、反复修习已现证之法性，〔次第〕悟入六未净地，即二至七地仍住有相之位；复次，悟入三〔净〕地，即八地等清净行相。如是九地，为随忆念分位所证；

四、究竟加行者，为悟入无功用及任运之佛事业，乃至如虚空界之有情未尽而无间断。是故，此加行为智体性位，断除二障而通达法性之体性。此为与法界无二之无变易本智。

上面所说，即是以四正加行法交替修习的原则来说明两重"转依"义，而二重转依义实无可分割。此复如不败尊者的释论所言——

虽于初地已有转依，然于究竟地始成就究竟转依。

复次，论中复强调"究竟转依"，实已圆证法报化三身境界，是为佛之行境，亦为 āśrayaparivṛtti 所表之转依义；至于声闻与缘觉虽亦具心之转依，然不败尊解释云：

以三身而言，声闻与缘觉亦能见具一切相智；化身，然此转依为以阿赖耶〔为基〕之末那识，故仅具少分〔证悟〕。

此以阿赖耶为基之转依，当然即是 āśrayaparāvṛtti 之意义。论中既以无分别智为究竟转依之所依,复说以阿赖耶为所依之转依为不究竟,是即本文对高崎直道有关"转依"二义之修订——此二义并非两种不同的"转依"学说,而是瑜伽行派的修学系统中两个不同层次的现证。

其实所谓"转依",对道上行人而言,无非心境之改变而已。唯识学派立种子说,可说明其转变之机理,然而即使不知机理,只须修道,心境依然转变,故不立种子亦未尝不可成转依道。若建立种子,即须依种子而说转依的实践,故种子须立为"本有"与"新熏",此详《成唯识论》即可知。其实亦无须建立种子,如本论,说由十事"悟入转依",即未说种子,此即瑜伽行古学与唯识学派之差别。此如人入暗室,开灯即见光明,实不必研究灯何以能发光明,以至研究如何发电,然后始按灯掣。是故须知唯识学建立种子以明"转依"的精义,不在说明修道证果的机理,而在令行人于道上能自知心理状态,次第自观察、自证悟;瑜伽行古学中之法相精义,不在说明心境生灭转变的机理,而在于令行人于蕴处界中能次第直观蕴处界"实相"(gnas tshul,或说为"本性"rang bzhin),亦即本来清净之法性与行者本具的如来藏。

图书在版编目(CIP)数据

《如来藏经》密意/谈锡永著. —上海：复旦大学出版社,2014.9(2023.6重印)
(佛典密意系列)
ISBN 978-7-309-10817-0

Ⅰ.如… Ⅱ.谈… Ⅲ.唯识宗-佛经-注释 Ⅳ.B946.3

中国版本图书馆 CIP 数据核字(2014)第 158870 号

《如来藏经》密意
谈锡永　著
责任编辑/陈　军

复旦大学出版社有限公司出版发行
上海市国权路 579 号　邮编：200433
网址：fupnet@fudanpress.com　http://www.fudanpress.com
门市零售：86-21-65102580　团体订购：86-21-65104505
出版部电话：86-21-65642845
上海新艺印刷有限公司

开本 890×1240　1/32　印张 6.125　字数 156 千
2014 年 9 月第 1 版
2023 年 6 月第 1 版第 5 次印刷

ISBN 978-7-309-10817-0/B・508
定价：30.00 元

如有印装质量问题，请向复旦大学出版社有限公司出版部调换。
版权所有　　侵权必究